粤澳地区旅游产业
发展模式优化与路径研究

沈华文　崔文静　林珏冰 / 著

华中科技大学出版社
http://press.hust.edu.cn
中国·武汉

图书在版编目（CIP）数据

粤澳地区旅游产业发展模式优化与路径研究 / 沈华文, 崔文静, 林珏冰著 . -- 武汉 : 华中科技大学出版社, 2025. 6. -- ISBN 978-7-5772-2005-5

Ⅰ . F592.765

中国国家版本馆 CIP 数据核字第 2025U39Z08 号

粤澳地区旅游产业发展模式优化与路径研究　　　　沈华文　崔文静　林珏冰　著

Yue-Ao Diqu Lüyou Chanye Fazhan Moshi Youhua yu Lujing Yanjiu

策划编辑：周晓方　宋　焱

责任编辑：江旭玉

封面设计：廖亚萍

责任校对：张汇娟

责任监印：曾　婷

出版发行：华中科技大学出版社（中国·武汉）　　电话：（027）81321913
　　　　　武汉市东湖新技术开发区华工科技园　　邮编：430223

录　　排：华中科技大学出版社美编室

印　　刷：武汉科源印刷设计有限公司

开　　本：710mm×1000mm　1/16

印　　张：13.25

字　　数：245 千字

版　　次：2025 年 6 月第 1 版第 1 次印刷

定　　价：88.00 元

内容简介

　　本书以粤澳区域经济一体化为核心视角，系统探讨了在区域经济一体化进程中，旅游产业如何通过政策协同、资源整合、品牌共建与数字化创新等路径实现协同发展与高质量跃升。本书立足于粤港澳大湾区，特别是粤澳两地的制度差异、资源禀赋与产业互补特征，聚焦澳门作为世界旅游休闲中心与珠海横琴作为粤澳深度合作区的战略定位，深入分析了粤澳旅游产业在区域协同中面临的机遇与挑战，并提出了具有实践指导意义的发展模式与优化路径。

　　全书共七章：第一章介绍研究背景、意义、内容与结构等信息；第二章基于区域经济一体化理论，构建粤澳旅游产业协同发展的理论框架；第三章系统梳理粤澳旅游产业现状，明确优势领域与协作空间；第四章剖析旅游产业协同发展中的现实瓶颈，如资源整合不充分、基础设施联动不足、政策对接不畅等问题；第五章提出系统性的优化路径，包括政策机制协调、市场一体化、跨境品牌塑造、智慧旅游协同应用等；第六章立足国际经验与本土实践，探索粤澳旅游产业协同发展的可行模式，并形成多主体参与的策略建议体系；第七章是结语，归纳了研究结论，指出了本书的理论贡献与实践价值。本书对推进澳门经济适度多元化以及助力粤澳旅游产业高质量一体化发展具有一定的参考价值，可以作为区域发展、旅游管理、公共政策等领域研究人员、政府决策者与业界从业者的参考读物。

随着区域经济一体化战略的不断推进，粤澳合作进入了全新的发展阶段。特别是2019年《粤港澳大湾区发展规划纲要》的实施和2021年《横琴粤澳深度合作区建设总体方案》的出台，为粤澳两地在制度融合、资源共享与协同发展方面提供了前所未有的历史机遇。在此背景下，作为区域合作的战略性产业，旅游产业成为推进粤澳区域经济一体化的重要突破口和牵引力量。旅游产业不仅是粤澳经济社会联动的重要纽带，而且是实现人文交流与空间重构的桥梁，其在带动产业协同、优化资源配置、推动区域可持续发展等方面发挥着不可替代的作用。

近年来，澳门依托其世界旅游休闲中心的战略定位，不断提升旅游服务质量与品牌影响力，而珠海则作为珠江西岸重要的枢纽城市，承载着承接澳门资源辐射、扩大产业腹地的功能。尤其是横琴粤澳深度合作区的建设，进一步促进了粤澳两地在制度、政策、产业、人口和文化等多个层面的融合。然而，尽管在政策支持与区位优势的共同作用下，粤澳旅游合作取得了阶段性成果，但在实际发展过程中，仍存在协同机制不健全、资源整合不充分、市场运作模式割裂、服务标准不统一等一系列结构性问题。这些问题不仅制约了旅游产业的高效运行，而且阻碍了区域经济一体化战略的深入推进。

基于上述现实问题与理论关切，本书从理论溯源、现状分析、瓶颈识别与路径优化等维度，系统展开研究，力图回答以下几个核心问题：粤澳旅游产业协同发展的理论基础与内在逻辑是什么？当前，粤澳旅游产业发展的整体特征与主要问题有哪些？应如何在实践层面构建一套可行的协同发展路径？未来，粤澳旅游一体化发展应采纳何种模式，才能实现可持续共赢？通过梳理与探索，本书试图为粤澳旅游产业协同发展提供更加系统化、科学化的理论支撑与策略指导。

就研究方法来看，本书在理论层面主要借助区域经济一体化理论、旅游目的地发展理论、生产要素流动理论等，为构建粤澳旅游产业协同发展的分析框架提供基础；在实践层面，本书广泛参考国内外旅游产业协同发展典型案例，如欧盟申根区内的旅游融合模式、东盟滨海旅游经济圈的联合营销战略、我国长三角城市群的区域旅游协作机制等，并结合澳门与广东的实际政策、产业规划、空间格局与发展成效，展开动态比较与归纳分析。

在结构安排方面，第一章是绪论，介绍了研究背景、意义、内容、结构，归纳了创新点；第二章从理论视角出发，系统回顾了区域经济一体化与旅游产业协同发展的核心理论，明确粤澳旅游产业融合的逻辑起点与研究视角；第三章立足现实，分析粤澳旅游产业的结构基础与发展现状，特别是横琴粤澳深度合作区在推进旅游协同中的功能和角色；第四章聚焦产业协同中的阻碍因素，揭示在体制机制、资源结构、市场体系等层面存在的主要瓶颈；第五章以问题为导向，提出应对路径，强调制度创新、市场一体化、科技赋能与公共服务体系联通；第六章则在整合理论与实践的基础上，提出适合粤澳特色的协同发展模式，为未来的政策制定与区域合作提供参考范式；第七章是结语，对本书的主要结论做了归纳和整理，指出了研究的理论贡献与实践价值，对未来的研究做了展望。

本书的研究立场是始终坚持问题导向与现实关怀相结合。一方面，本书力图填补粤澳旅游产业协同发展在现有研究中的理论空白，推进区域旅游一体化的理论建构；另一方面，本书注重研究的实践适配性，强调策略的可行性与模式的可复制性，服务于粤澳区域协同发展、产业融合升级与高质量发展战略的全面落实。我们相信，在国家"双循环"新发展格局与大湾区深度融合战略的共同驱动下，粤澳旅游产业的协同发展不仅能够促进两地社会经济的深度融合，而且将为全国其他区域的合作提供可借鉴、可复制的典型路径。

　　感谢所有在研究过程中给予我们宝贵建议和数据支持的学者、专家。尽管我们力求内容的完整与逻辑的严谨，但限于资料可得性和研究视角，本书仍可能存在不足之处，诚恳地希望广大读者在阅读过程中提出宝贵的意见与批评建议，以进一步提升本书的学术质量与应用价值。本书在编写过程中使用了部分图片，在此向这些图片的版权所有者表示诚挚的谢意！由于客观原因，我们无法联系上您。如您能与我们取得联系，我们将在第一时间更正任何错误或疏漏。

目录

第一章
绪　　论

第一节 研究背景与意义

一、研究背景

粤澳区域经济一体化是粤港澳大湾区建设的重要组成部分,旨在通过政策协同、产业对接、基础设施联动和社会融合,推动广东省与澳门特别行政区在经济、文化和社会等方面的深度融合。近年来,随着《粤港澳大湾区发展规划纲要》的推进,以及横琴粤澳深度合作区的设立,粤澳合作进入了全新的发展阶段。作为粤澳合作的重要领域之一,旅游产业在两地经济发展中占据核心地位,并成为推动区域经济一体化的重要引擎。

从全球区域经济一体化的角度来看,区域合作往往将旅游产业作为突破口,以促进人员流动、产业融合和经济增长。例如,欧盟内部的旅游一体化政策通过统一签证体系、交通便利化和品牌联合推广,促进了跨国旅游市场的繁荣。类似地,东南亚国家联盟(简称东盟)国家通过"东盟单一旅游市场"(ASEAN Single Tourism Market,ASTM)策略,促进成员国间的旅游资源共享和市场一体化。在粤澳区域内,澳门依靠其世界旅游休闲中心的定位,依托国际化的旅游资源和自由贸易优势,而珠海等地则以广阔的腹地、丰富的生态资源和产业承接能力,为粤澳区域经济一体化提供了广阔的发展空间。

近年来,旅游产业协同发展理论在区域经济一体化研究中得到广泛应用,学者们普遍认为跨区域旅游合作不仅能够提升资源利用效率,而且能够促进文化融合和社会经济发展。粤澳旅游一体化的核心目标正是通过资源共享、市场联通、服务一体化,构建跨境旅游协作机制,以实现两地旅游产业的协同发展。在此背景下,研究粤澳区域经济一体化背景下的旅游产业协同发展模式和优化路径,不仅具有理论价值,而且能为政策制定和实践提供重要参考。

二、研究意义

本研究的意义主要体现在理论贡献和实践价值两个方面。

（一）理论贡献

本研究深化了区域经济一体化理论在旅游产业中的应用。传统的区域经济一体化理论主要关注经济政策协调、市场融合和贸易便利化，而本研究则结合旅游产业的特殊性，探讨粤澳旅游合作的模式、机制和优化路径，拓展了该理论在服务业一体化领域的适用性。

本研究将旅游产业协同发展理论应用于粤澳合作情境，强调在资源整合、品牌联动、游客共享等方面的协同效应。以往的研究多关注单个国家或城市内部的旅游产业优化，而本研究通过粤澳区域经济一体化的案例，丰富了跨区域旅游产业协同的研究范式。此外，本研究借鉴目的地营销理论与品牌建设理论，探讨如何通过联合营销、智慧旅游、文化共建等方式，提升粤澳旅游目的地的整体竞争力。

（二）实践价值

首先，本研究有助于推动粤澳旅游产业深度融合，提升两地经济的竞争力。在澳门推进"1+4"经济适度多元发展策略（即做优做精做强综合旅游休闲业，加快发展中医药大健康产业、现代金融业、高新技术产业、会展商贸及文化体育等产业）的背景下，旅游产业的协同发展不仅能够增强澳门的产业韧性，而且能促进横琴及珠海的服务业升级。本研究可以为政府制定粤澳旅游产业协同发展政策提供依据，助力澳门产业多元化转型。

其次，本研究有助于提升游客跨境旅游体验，优化旅游产业链。在粤澳区域经济一体化背景下，游客跨境流动的便利性直接影响两地旅游经济的发展。通过研究如何优化跨境旅游交通状况、提高智慧旅游服务水平、提升跨境消费便利性，本研究可以为相关部门和企业提供可行的建议。

最后，本研究可以为其他跨境旅游合作区域提供经验。近年来，全球范围内的跨境旅游合作不断深化，例如，新加坡—马来西亚旅游经济圈的建设促进了两国旅游产业的发展，还对区域经济一体化、文化融合和地缘合作具有深远影响，欧盟申根区的旅游一体化政策已经成为全球区域旅游合作的标杆，不仅改变了欧洲旅游产业的格局，而且对全球跨境治理、经济融合和社会发展产生了深远影响。这些都能为粤澳旅游产业协同发展模式及路径优化提供借鉴，也能为其他地区的政策制定者和旅游企业提供参考，助力全球旅游一体化进程。

粤澳区域经济一体化背景下的旅游产业协同发展是推动区域经济一体化的重要战略选择，具有广泛的理论价值和实践意义。在全球旅游经济一体化的趋势下，粤澳旅游产业的深度融合不仅能够优化资源配置、提升市场竞争力，而且能够推动两地产业结构升级，增强大湾区整体竞争力。本研究基于区域经济一体化理论、旅游产业协同发展理论和目的地营销理论，系统探讨粤澳旅游一体化的模式、机制及优化路径，为政府、企业和学术界提供有价值的参考。

第 二 节　研 究 目 标

粤澳区域经济一体化进程的加速推动了两地旅游产业的深度融合，为区域旅游产业的发展带来了新的机遇与挑战。本研究的主要目标是从粤澳旅游产业的发展现状出发，深入探讨旅游产业协同发展的模式与路径，以期优化区域旅游资源配置，促进产业联动，提高旅游产业的整体竞争力，并为未来的政策制定和实践提供科学指导。本研究既关注旅游产业的宏观发展趋势，又结合具体案例和数据分析，从政策协同、市场融合、基础设施联动、文化交融等多个层面提出有针对性的优化建议。

在理论层面，本研究希望构建粤澳旅游产业协同发展的分析框架，系统梳理粤澳旅游产业在区域经济一体化背景下的发展逻辑。区域经济一体化理论为本研究提供了基本的理论支撑，该理论强调区域经济体内部通过制度、市场、产业等方面的协调，实现更高层次的发展。而旅游产业协同发展理论则进一步说明，在一体化进程中，旅游产业不仅是经济增长的重要引擎，而且是推动文化交融、社会互通的关键载体。因此，本研究在理论探讨方面，将结合区域经济一体化与旅游产业协同发展的理论视角，搭建适用于粤澳地区的旅游产业协同发展分析框架。

在实践层面，本研究首先致力于系统梳理粤澳旅游产业的现状，分析粤澳区域经济一体化进程中的发展特点、产业格局及政策导向。粤澳两地旅游资源各具特色，澳门以休闲度假、文化旅游为主，而珠海则依托丰富的生态资源、商务会展和海洋旅游发展差异化产业。粤澳旅游产业协同发展的基础在于资源互补、市场联通、政策协同和基础设施建设的完善。因此，本研究将基于粤澳旅游产业的空间分布、游客流动特征、基础设施互联互通等关键要素，剖析两地旅游产业在区域经济一体化背景下的发展态势。

　　粤澳旅游产业尽管在区域经济一体化进程中展现出了巨大的潜力，但仍然面临诸多挑战与瓶颈。市场协同难度较大是首要问题。粤澳在税收、行业标准、市场准入等方面的政策存在较大差异，这影响了企业的跨境经营和产业整合。此外，跨境旅游的便利性仍有待优化。尽管港珠澳大桥、横琴口岸等基础设施提升了通关效率，但在旅游签证政策、跨境支付体系、公共交通衔接等方面，仍有进一步完善的空间。同时，旅游产品的同质化竞争也是影响协同发展的重要因素，如何在粤澳旅游产业整合的过程中形成差异化竞争，避免资源重复建设，是本研究需要深入探讨的问题。

　　基于上述挑战，笔者将重点探讨粤澳旅游产业协同发展的模式与优化路径，以提升区域旅游产业的竞争力。结合国内外旅游产业协同发展的成功经验，本研究提出了适用于粤澳地区的"一体两核"发展模式，即以澳门为国际旅游休闲中心，珠海横琴为产业支撑，通过市场协作、产业分工、品牌联合推广，形成互补型旅游经济圈。同时，本研究探索了智慧旅游在粤澳旅游产业协同发展中的作用，利用数字化技术推动跨境支付、智能导览、数字身份认证等系统互联互通，提升游客体验。此外，在旅游品牌共建方面，本研究提出了"澳门＋横琴"联合品牌战略，打造差异化的旅游产品，如文化旅游节、跨境夜经济、商务会展旅游等，以增强区域旅游资源的吸引力和市场竞争力。

　　在政策建议层面，本研究希望为粤澳旅游产业一体化进程提供可行的政策指导，推动政府间的协作机制优化，提高旅游政策的协调性。例如，在政府层面，需要进一步完善跨境旅游合作机制，加强两地在旅游发展规划、市场监管、制度对接等方面的互动，以消除制度性障碍。在市场机制方面，应进一步优化跨境旅游政策，如简化签证手续、提升通关效率、推动跨境支付体系互通等，以降低游客跨境旅游的时间成本和经济成本。此外，人才培养也是粤澳旅游产业协同发展的关键因素之一。本研究将探讨如何通过联合培养、人才流动机制优化等方式，提升跨境旅游从业者的专业素养和服务水平。

　　本研究的最终目标是构建科学的理论框架，系统分析粤澳旅游产业的现状、面临的挑战和可能的发展模式，并提出可行的优化路径，以推动粤澳旅游产业高质量发展。在粤澳区域经济一体化的背景下，旅游产业的深度融合不仅有助于推动澳门经济适度多元化，而且将为粤港澳大湾区整体发展提供新的动力。本研究具有重要的理论价值，并且将在政策制定、产业规划、市场推广等方面提供现实指导，助力粤澳旅游产业迈向更高水平的发展阶段。

第三节 研究内容与结构

本书围绕粤澳区域经济一体化背景下旅游产业的协同发展展开研究，旨在构建系统性的理论框架，分析现状，剖析关键问题，并提出切实可行的优化路径和协同发展模式。除绪论和结语外，全书第二章至第六章逐层递进，从理论基础到实践路径，以全面揭示粤澳旅游产业在区域经济一体化背景下的发展逻辑和未来的发展方向。

一、第二章：粤澳区域经济一体化的理论框架与旅游发展趋势

第二章聚焦粤澳区域经济一体化的理论基础，并探讨其对旅游产业协同发展的影响。区域经济一体化理论是本研究的核心理论支撑。该理论认为，通过降低经济壁垒、优化资源配置、促进市场一体化，区域经济体可以实现更高层次的经济增长。具体而言，该章将回顾关税同盟理论、生产要素理论和规模经济理论等关键理论，并分析其在旅游产业发展中的适用性。此外，第二章还结合全球区域经济一体化的成功经验，探讨多个成功案例对粤澳旅游产业协同发展的借鉴意义。

随着粤港澳大湾区一体化进程的加速推进，粤澳两地的旅游产业协同发展成为区域合作的重要组成部分。第二章将分析澳门作为世界旅游休闲中心的定位，以及珠海在推动旅游产业合作中的作用，并探讨粤澳旅游产业协同发展的主要驱动力，包括政策支持、市场联通、基础设施建设和文化融合等因素。另外，第二章将总结粤澳旅游产业协同发展的主要趋势，包括数字化转型、智慧旅游应用、跨境旅游体验优化等方面的发展方向。

二、第三章：粤澳区域经济一体化背景下旅游产业的现状分析

第三章从粤港澳大湾区整体视角出发，详细分析粤澳旅游产业的发展现状，涵盖旅游资源结构、市场发展特征、产业格局、政策环境等方面。

首先，粤澳旅游资源各具特色，澳门以历史文化、休闲度假旅游为主，而

广东省其他城市依托不同的旅游资源，形成多元化的旅游产品体系。第三章将详细梳理粤澳两地的旅游资源特点，并分析其在粤澳区域经济一体化背景下的互补性和发展潜力。

其次，第三章将探讨粤澳旅游产业的发展模式和市场格局。近年来，随着横琴粤澳深度合作区的设立，澳门和珠海的旅游合作进入新阶段。横琴新区在基础设施建设、政策支持、市场机制创新等方面发挥了重要作用，推动了两地旅游产业的融合发展。例如，横琴新区大力发展文旅产业，吸引澳门投资者进入，打造以文化创意、健康养生、会展经济等为特色的旅游产品。第三章还将分析智慧旅游在粤澳旅游产业发展中的应用，探讨大数据、人工智能、区块链等技术如何赋能旅游产业，提升跨境旅游便利性，优化游客体验。

最后，第三章将总结粤澳旅游产业在当前的发展阶段面临的主要机遇和挑战，为后续章节的深入分析提供背景支持。

三、第四章：粤澳旅游产业发展中的挑战与瓶颈

粤澳旅游产业尽管在区域经济一体化背景下展现出了广阔的发展前景，但仍面临一系列挑战和瓶颈。第四章将系统分析影响粤澳旅游产业协同发展的关键问题，包括旅游资源整合、市场推广、基础设施建设、跨区域管理等。

首先，旅游资源整合不足制约了粤澳旅游产业的协同发展。由于澳门和珠海在旅游资源开发和管理上的政策不同，跨境资源共享和联合营销面临诸多障碍。例如，澳门的旅游市场较为成熟，但过度依赖文化遗产，而珠海的旅游产品相对分散，品牌知名度较低，缺乏跨境联动效应。

其次，市场推广模式单一影响了粤澳旅游市场的拓展。目前，澳门的旅游推广主要面向国际市场，而珠海的旅游市场对国内游客更有吸引力，粤澳旅游产业的协同缺乏统一的营销策略。跨境旅游的宣传手段较为传统，数字化营销、社交媒体推广等手段尚未充分发挥作用，导致粤澳旅游产业未能形成完整统一的品牌形象。

最后，基础设施建设不均衡也是影响旅游产业协同发展的重要因素。尽管港珠澳大桥、横琴口岸等基础设施的建设提升了跨境通行效率，但在公共交通衔接、支付体系、旅游服务一体化等方面仍有优化的空间。此外，粤澳两地的管理体制存在较大差异，政策协同和对接进展不顺畅，导致旅游企业的跨地经营面临较多障碍。

第四章将深入剖析这些问题的成因，为后续章节提出有针对性的优化路径提供依据。

四、第五章：粤澳区域经济一体化背景下旅游产业优化路径

针对第四章提出的问题，第五章将探讨粤澳旅游产业协同发展的优化路径，并提出具有可行性的政策建议。优化路径主要包括政策协调、市场机制创新、基础设施互联互通、智慧旅游技术、人才培养、品牌共建等方面。

在政策协调方面，第五章将探讨如何加强粤澳两地政府间的合作，推进旅游法规和政策的对接，简化跨境旅游审批流程，优化游客跨境体验。在市场机制创新方面，第五章将分析如何通过建立粤澳旅游联合推广平台，提升两地旅游产品的国际竞争力。基础设施互联互通是粤澳旅游产业优化的关键环节。第五章将提出如何进一步完善跨境交通体系，优化港珠澳大桥、轻轨、机场等基础设施的衔接，提高旅游便利性。第五章还将探讨智慧旅游技术的应用，如跨境支付、智能导览、数字身份认证等，以提升游客体验。在人才培养方面，第五章提出构建粤澳旅游人才联合培养机制，推动高校与旅游企业合作，提高从业者的专业素养和跨境服务能力。在品牌共建方面，第五章提出打造"澳门＋横琴"联合品牌战略，推动文化旅游、夜经济、商务会展等特色旅游产品的协同发展。

五、第六章：粤澳旅游产业协同发展的模式与路径

第六章结合国际旅游产业协同发展的经验，提出具有粤澳区域特色的旅游产业发展模式，并探讨其可行性。主要模式包括"政府引导＋市场驱动"的发展模式、"跨境合作＋品牌联动"的运营模式、"科技赋能＋智慧旅游"的创新模式等。

此外，第六将结合案例分析，探讨如何通过政策创新、市场合作、基础设施建设等手段，推动粤澳旅游产业的深度融合，提出可行的政策建议，总结粤澳旅游产业未来的协同发展方向，并对研究成果进行综合评估。

综上所述，本书通过系统梳理粤澳旅游产业的发展逻辑，结合理论分析和实践案例，为粤澳旅游产业的协同发展提供理论支撑和政策参考，以期推动粤澳区域经济一体化进程，促进区域旅游经济的高质量发展。

第四节　创　新　性

本研究的创新性主要体现在理论构建、政策分析、产业路径优化等多个方面，力求填补粤澳旅游产业协同发展研究的空白，并为粤澳区域经济一体化背景下旅游产业的可持续发展提供科学依据和实践指导。

一、构建粤澳旅游产业协同发展的理论框架

本研究在区域经济一体化理论的基础上，针对粤澳区域经济一体化进程中旅游产业发展面临的问题，构建了具有针对性的理论框架。传统的区域经济一体化研究多集中于贸易、投资、基础设施互联互通等领域，旅游产业由于具有跨行业、跨区域、跨文化的特性，在区域经济一体化进程中的研究较为零散。本研究突破传统研究范式，借鉴关税同盟理论、生产要素理论、规模经济理论等经典经济学理论，并结合旅游地生命周期理论和跨境次区域合作理论，构建粤澳旅游产业协同发展的系统性理论框架。

该理论框架强调，粤澳旅游产业协同发展的核心在于政策支持、市场联通、基础设施融合和文化协同四个关键要素。通过综合考量政策引导、市场机制优化、技术创新、跨境管理体制协调等因素，本研究提出了一套具有较强适用性的理论模型，以解释和预测粤澳旅游产业协同发展的路径和动力机制。相比以往研究主要侧重于单一因素（如政策环境或市场需求），本研究的理论框架具有更全面的解释力，能为政策制定者和行业管理者提供科学依据。

二、结合最新政策与案例，动态分析粤澳旅游产业的发展趋势

本研究的另一大创新性在于结合最新政策和实践案例，系统探讨粤澳旅游产业的发展趋势。近年来，随着《粤港澳大湾区发展规划纲要》的实施，粤澳两地的旅游合作不断深化。尤其是横琴粤澳深度合作区的设立，成为推动粤澳旅游产业一体化的重要政策支撑。具体而言，本研究系统整理了近年来粤澳两地在旅游产业方面的合作政策，包括跨境旅游便利化措施、横琴粤澳深度合作

区的产业发展规划、文化和旅游部与澳门特别行政区政府的联合政策等。此外，本研究通过选取具有代表性的案例（如"澳门＋横琴"联合旅游品牌、粤澳跨境自由行政策、港珠澳大桥对跨境游客数量的影响等），分析这些政策如何影响粤澳旅游产业的市场格局、产业链发展以及游客行为模式。通过动态分析政策实施效果和市场反应，本研究能够为未来政策的调整和优化提供科学依据，从而增强研究结果对实践的指导意义。

三、提出粤澳旅游产业的优化路径，强化政策协调与市场机制创新

本研究不仅从政策角度探讨粤澳旅游产业的发展方向，而且关注市场机制、数字化转型等多维度的优化策略，力求构建更具操作性的产业协同发展路径。过去的研究多侧重于政策协调，强调政府在推动区域旅游产业合作中的作用，而本研究在此基础上，进一步提出如何通过市场机制创新、数字化转型、旅游品牌共建等手段，提升粤澳旅游产业的竞争力和可持续性。

首先，在政策协调方面，本研究提出建立更加紧密的粤澳旅游政策协同机制，包括跨境旅游管理一体化、签证便利化、旅游税收政策优化等，以减少跨境旅游障碍。粤澳两地间的高效协调能够显著优化政策实施的效果，确保政策红利能够真正转化为市场动力。

其次，在市场机制创新方面，本研究提出，粤澳旅游产业的协同发展需要依托市场化手段，推动旅游企业、投资者、消费者共同参与一体化进程。具体措施包括建立粤澳旅游联合推广平台，强化跨境旅游产品的联动营销；支持两地企业合作开发特色旅游线路，提升粤澳旅游产品的国际吸引力；推动旅游消费支付体系一体化，提升游客在粤澳地区的支付便利性。这些都能促进粤澳旅游资源的优化配置，提高产业整体的竞争力。

最后，在数字化转型方面，本研究强调智慧旅游对粤澳旅游产业协同发展的推动作用。近年来，大数据、人工智能、区块链等技术在旅游产业的应用日益广泛，为提升游客体验、优化旅游服务、提高管理效率提供了新的机遇。本研究提出，通过大数据分析粤澳游客的行为模式，精准推荐旅游产品；利用人工智能技术优化旅游咨询和导览服务，提升跨境旅游的便利性；探索区块链技术在旅游信用体系建设中的应用，增强游客信任度。通过科技赋能，推动粤澳旅游产业的智能化、数字化升级，提升区域经济的整体竞争力。

四、构建粤澳旅游产业可持续发展模式，推动粤澳旅游产业高质量发展

本研究的最后一个创新之处在于提出粤澳旅游产业的可持续发展模式，并从政府、企业、游客三方的角度出发，探讨如何推动旅游产业的高质量发展。本研究从经济、社会、生态三个维度出发，探讨粤澳旅游产业在一体化进程中的可持续发展路径。

在经济维度上，本研究提出粤澳旅游产业应进一步优化产业结构，推动高附加值旅游业态的发展，如文化创意旅游、会展经济、康养旅游等，以减少对单一产业的依赖。同时，应鼓励粤澳旅游企业进行产业链延伸，提高本地企业在国际旅游市场的竞争力。

在社会维度上，本研究强调旅游产业的发展应注重社会包容性，推动粤澳本地居民的深度参与。例如，通过社区旅游、乡村旅游、文化体验等模式，提高本地居民的经济收益，促进社会公平。此外，本研究还探讨了如何通过加强跨文化交流，提升粤澳两地居民的文化认同感，推动社会融合。

在生态维度上，本研究提出绿色旅游理念，鼓励低碳旅游、可持续旅游发展模式。例如，推广绿色酒店、环保出行、可持续旅游景区认证等措施，减少旅游产业对环境的负面影响，实现旅游产业的可持续发展。

综上所述，本研究在理论框架构建、政策分析、市场机制优化、数字化转型以及可持续发展等多个方面进行了创新，旨在为粤澳旅游产业协同发展提供系统性的理论支撑和实践指导。通过结合最新政策和案例，动态分析粤澳旅游产业的发展趋势，并提出具有可操作性的优化路径，本研究不仅填补了粤澳区域经济一体化视角下旅游产业协同发展研究的空白，而且为区域经济一体化背景下其他地区的旅游产业发展提供了借鉴。未来，随着粤澳区域经济一体化的深入推进，本研究的成果将在政策制定、产业规划、企业经营等方面发挥重要作用，为粤澳旅游产业的高质量发展提供有力支持。

第五节　预期贡献

本研究围绕粤澳区域经济一体化背景下旅游产业的协同发展，进行了系统性的理论分析和实践探索，旨在推动粤澳旅游产业的优化升级，并为粤港澳大

湾区乃至全国其他区域旅游一体化提供借鉴。本研究构建了科学的理论框架，分析了粤澳旅游产业的发展现状及面临的挑战，并提出了有针对性的优化路径。研究成果不仅具有重要的学术价值，而且在政策制定、产业发展、社会融合等方面具有理论价值和现实意义。

一、提供粤澳旅游产业一体化发展的理论支撑

本研究的首要贡献在于构建粤澳旅游产业一体化发展的理论体系，并填补现有研究的空白。区域经济一体化理论、旅游地生命周期理论、跨境次区域合作理论等多种理论框架已广泛应用于区域经济、旅游产业研究，但现有研究大多聚焦于泛区域合作模式，缺乏对粤澳这一特殊区域旅游产业一体化发展的系统探讨。本研究在借鉴现有理论的基础上，结合粤澳旅游产业的独特发展模式，提出了一套更具针对性的理论框架，从政策协调、市场联通、基础设施互通、文化交流等多个方面阐述粤澳旅游产业一体化的发展逻辑。这一理论框架的提出不仅拓展了区域经济一体化的研究范畴，而且为粤澳旅游产业发展提供了科学依据。

此外，本研究在理论构建过程中，不仅关注政府主导模式，而且深入探讨市场驱动、技术创新对粤澳旅游产业协同发展的影响。本研究关注数字化、智慧旅游与绿色发展等新兴领域，这些议题在传统研究中尚未得到充分探讨。通过开拓性研究，本研究为粤澳旅游产业的未来发展提供了创新性的研究视角与发展方向。

二、为粤澳旅游产业政策优化提供科学依据

粤澳区域经济一体化背景下的旅游政策协调是推动产业发展的关键环节，但当前政策体系仍存在协调不足、实施效果不佳等问题。本研究在系统梳理粤澳旅游政策体系的基础上，结合政策文本分析与案例研究，深入评估现有政策的实施效果，并提出优化建议。研究结果可以为政府部门在制定粤澳旅游产业协同发展政策时提供科学依据，使未来的新政策更具针对性、可行性和可操作性。

本研究提出的政策优化建议主要包括以下几个方面的内容。首先，本研究

建议建立粤澳两地政府间更紧密的政策协调机制，强化跨境旅游管理的一体化进程，简化跨境旅游签证及入境流程，提高游客出行便利程度。其次，本研究建议通过粤澳联合制定旅游发展规划，推动跨境基础设施建设和旅游产品开发，增强区域旅游产业的竞争力。最后，本研究还强调了政策执行层面的优化，提出建立政策实施评估体系，以确保政策措施能够切实推动粤澳旅游产业的高质量发展。这些政策优化建议将为政府和行业管理者提供决策依据，助力粤澳旅游产业一体化的顺利推进。

三、推动粤澳旅游产业高质量发展

本研究的另一重要贡献在于，通过深入分析粤澳旅游产业的现状及面临的挑战，提出切实可行的优化路径，以推动旅游产业的高质量发展。粤澳两地在旅游资源、市场需求、文化背景等方面各具特色，在产业协同过程中仍存在一定的结构性矛盾，如旅游资源整合度不高、市场联通机制缺乏、跨境服务体系尚未完善等。针对这些问题，本研究提出了基于政策协调、市场机制优化、数字化赋能等方面的综合解决方案，以提升粤澳旅游产业的整体竞争力。

具体而言，本研究提出建立粤澳旅游一体化市场机制，推动两地旅游企业的深度合作，如联合开发跨境旅游线路、共享游客数据资源、优化营销推广模式等。此外，本研究强调在数字经济背景下发展智慧旅游的重要性，建议通过5G、人工智能、大数据等技术，提升粤澳旅游体验质量，优化智能导览、在线翻译等，为游客提供更优质的旅游服务。通过这些优化路径的实施，粤澳旅游产业将能够实现更加均衡、可持续的协同发展，推进粤澳经济一体化进程。

四、促进粤澳经济、文化和社会深度融合

本研究不仅关注旅游产业的经济效益，而且强调旅游产业在推动粤澳社会融合、文化交流中的作用。旅游产业是促进社会互动和文化传播的重要载体，粤澳旅游产业一体化的推进能提升两地的经济合作水平，还能加深两地居民的文化认同感，增强社会融合度。通过分析粤澳旅游产业对社会文化交流的影

响，本研究提出了一系列促进社会融合的策略，如深化社区旅游合作、推动非物质文化遗产联合开发、促进跨境旅游教育培训等，从而提升粤澳区域经济一体化的社会效益。

本研究特别强调澳门作为世界旅游休闲中心的独特定位，探讨通过旅游合作推动粤澳文化互鉴。例如，本研究建议设立粤澳联合文化旅游品牌，利用澳门的国际化资源优势，将粤澳旅游资源推向全球市场；同时，可以通过跨境文化交流活动、联合举办国际旅游节等方式，增强两地居民的文化互动，促进社会融合。通过这些措施，本研究期望能够为粤澳区域经济一体化的社会文化发展提供实践指导，增强粤澳合作的内生动力。

五、为粤港澳大湾区及全国其他区域提供借鉴

粤澳旅游产业一体化是粤港澳大湾区发展的重要组成部分，其经验对于整个大湾区乃至中国其他区域的旅游产业一体化发展具有重要的借鉴意义。本研究的理论框架、政策分析和优化路径不仅适用于粤澳地区，而且可以为其他跨区域旅游产业合作提供参考。例如，粤港澳大湾区其他城市群，如深圳和香港、广州和佛山等地的旅游合作，同样面临政策协调、市场整合、资源优化等问题，本研究的成果可以为这些区域提供可借鉴的解决方案。此外，对于长三角、京津冀等其他国家级城市群，本研究提出的区域旅游产业协同发展模式、市场机制创新方法等，也具有理论和实践意义。

总体而言，本研究通过系统构建粤澳旅游产业一体化的理论框架，分析现状与挑战，并提出有针对性的优化路径，为粤澳旅游产业的高质量发展提供了理论支撑和实践指导。本研究的成果不仅有助于粤澳旅游产业的政策优化、市场竞争力提升，而且能促进粤澳经济、文化、社会的深度融合，推动粤澳区域经济一体化进程的可持续发展。同时，本研究的创新性方法和实践经验也能为粤港澳大湾区及全国其他区域的旅游产业协同发展提供重要借鉴，助力我国旅游产业在区域经济一体化背景下实现高质量发展。

第二章
粤澳区域经济一体化的
理论框架与旅游发展趋势

第一节　区域经济一体化理论的回顾与应用

一、区域经济一体化理论

区域经济一体化作为经济全球化的重要组成部分，已成为推动区域经济合作、优化资源配置的重要手段。其理论研究起源于20世纪中期，伴随着欧洲经济一体化实践的发展，逐步形成了以关税同盟理论、生产要素理论、规模经济理论为核心的理论框架。这些理论从不同角度揭示了区域经济一体化对区域内外经济活动的深远影响，并为区域内经济增长和跨境合作提供了理论依据。

区域经济一体化是指通过区域内国家或地区间的政策协调和资源共享，促进生产要素的高效流动和经济的协同发展。这一理论不仅涵盖关税同盟和自由贸易区等传统经济合作形式，而且延伸至金融、技术、教育等多领域的协作。近年来，随着全球化不断走向深入，区域经济一体化实践在经济发展中发挥着越来越重要的作用，其经济效应研究也成为学术界关注的重点。

就理论基础来看，区域经济一体化的研究始于20世纪中期，关税同盟理论为区域经济合作的效果评估奠定了基石。此后，生产要素理论、规模经济理论和新经济地理学理论为人们理解区域经济一体化的多重效应提供了丰富的工具。无论是在欧盟和北美自由贸易区的探索中，还是在《区域全面经济伙伴关系协定》和东盟经济共同体的实践中，区域经济一体化的多样化经济效应都得到了理论与实践的双重验证。

（一）关税同盟理论与经济效应

关税同盟理论是区域经济一体化研究中最早出现的理论之一，最早可追溯至19世纪德国经济学家对关税同盟的探讨。现代关税同盟理论的系统化发展始于20世纪50年代，美国经济学家雅各布·维纳（Jacob Viner）在其1950年出版的《关税同盟问题》（*The Customs Union Issue*）一书中提出了这个概念。该理论主要研究成员国之间取消关税并对外实施统一关税后产生的经济效应。维纳提出，区域经济一体化可以通过两种途径影响经济：一是贸易创造效应，二是贸易转移效应。

贸易创造效应是指区域内部贸易壁垒的消除使得成员国之间的商品和服务流动更加高效，从而替代区域内成本较高的生产。这种效应的核心在于资源的重新配置。以欧盟为例，单一市场的形成大幅提升了成员国间的贸易额，使得德国、法国等制造业强国充分发挥了比较优势，资源配置效率显著提高。此外，研究表明，贸易创造效应还能够激发区域内的消费需求，从而实现对区域内生产的进一步拉动。

关税同盟理论也揭示了贸易转移效应可能带来的负面影响。贸易转移效应是指，由于区域内部贸易壁垒的削减，成员国可能倾向于从区域内的高成本生产者进口，而不是从区域外的低成本生产者进口。这种现象虽然在短期内保护了区域内部的产业，但长期来看可能会损害整体经济效率。例如，南方共同市场在早期的实践中，由于对部分产业给予过度保护，其成员国对更具竞争力的国际产品的依赖降低，出现了区域内贸易效率下降的问题。

关税同盟理论为欧盟、南方共同市场等区域经济一体化组织提供了理论依据。尽管贸易创造效应和贸易转移效应仍是该理论的核心分析工具，但现代研究更关注长期动态效应，如产业链整合、技术外溢等。

总之，关税同盟理论揭示了区域经济一体化的复杂影响，为政策制定者评估一体化收益与成本提供了重要参考。

（二）生产要素理论与区域协同发展

生产要素理论是经济学中研究生产所需基本投入要素及其作用的核心理论，主要探讨劳动力、资本、土地、企业家才能等生产要素在生产过程中的贡献及其报酬分配。该理论起源于古典经济学，代表人物如亚当·斯密（Adam Smith）、大卫·李嘉图（David Ricardo）等，他们强调土地、劳动和资本是生产的基本要素。随着知识经济的兴起，现代经济学进一步扩展了生产要素的范畴。

劳动力流动是推动区域经济协同发展的关键因素。以欧盟为例，劳动力的自由流动有效促进了区域内就业结构的优化调整。在波兰加入欧盟后的十年间，大量劳动力流向英国、德国等经济发达成员国，这一现象缓解了波兰国内的就业压力，同时也为西欧国家补充了重要的劳动力资源。更为重要的是，这种跨国劳动力流动不仅促进了区域经济发展的均衡化，而且创造了知识和技术的外溢效应，进一步增强了区域经济的整体竞争力。

资本流动与技术转移也是生产要素流动的重要组成部分。区域经济一体化为资本流动提供了稳定的政策环境和低廉的交易成本。例如，在东盟经济共同体的实践中，跨境直接投资的大幅增长不仅带动了区域内产业的升级，而且通过技术转移提升了成员国的生产力。研究表明，资本的跨境流动不仅优化了区域内的资源配置，而且增强了各国应对经济波动的能力。

（三）规模经济理论与竞争效应

规模经济是现代产业组织理论和微观经济学的核心概念，指企业通过扩大生产规模降低单位产品成本，从而提高经济效益的现象。该理论揭示了企业规模与生产效率之间的关系，对企业的生产决策、产业组织形态和国际贸易模式具有重要的解释力。区域经济一体化通过市场规模的扩大，为成员国企业提供了发展规模经济的机会。市场规模的集中效应使区域内的企业能够通过扩大生产规模、降低平均成本，从而在全球市场中增强竞争力。

规模经济的核心类型包括三种：内部规模经济、外部规模经济、范围经济。它们的作用机制如表1-1所示。

表1-1　规模经济的核心类型、作用机制

类型	作用机制
内部规模经济	企业自身规模扩大，导致成本下降
外部规模经济	行业整体规模扩大，导致单个企业成本下降
范围经济	通过多样化生产共享固定成本（与内部规模经济、外部规模经济的区别在于产品种类的增加）

以北美自由贸易区为例，自1994年成立以来，区域内市场的统一促进了制造业的蓬勃发展，特别是在汽车产业。通过跨境供应链的构建，美国、加拿大和墨西哥三国在生产过程中形成了高度互补的分工体系。研究表明，区域经济一体化不仅提高了企业的生产效率，而且增强了区域内产业的集群效应。

竞争效应也是区域经济一体化的重要经济效应之一。随着区域内贸易壁垒的降低，市场竞争的加剧迫使企业不断优化生产和管理模式，同时促进了技术创新。以欧盟为例，其单一市场政策的实施在提升成员国企业竞争力的同时，也加速了区域内技术的扩散。

（四）区域经济一体化的外部性与全球价值链

尽管区域经济一体化在促进内部经济合作上具有显著效果，但其外部性也引发了学术界的关注。一方面，区域经济一体化可能对非成员国形成边缘化效应，即区域性贸易协定可能分散全球自由贸易的效力，使非成员国的商品和服务在国际市场中的地位下降。这种效应在欧盟单一市场的形成过程中表现得尤为明显，其统一规则和关税体系使一些周边国家的出口受到挤压。

另一方面，区域经济一体化重塑了全球价值链的运行方式。在《区域全面经济伙伴关系协定》的影响下，成员国通过降低关税和非关税壁垒，重塑了产业链布局。例如，中国、日本和韩国在电子制造业中的深度合作显示了区域经济一体化对全球价值链的重要影响。研究表明，区域内生产网络的加强有助于提升区域整体的经济韧性。

近年来，随着数字经济和绿色经济的兴起，区域经济一体化的效应研究逐步向新兴领域拓展。一些学者提出，数字技术的应用正在重新定义区域经济一体化的内涵和边界。数字经济通过数据流动和信息共享，打破了传统的地理边界，为区域内经济活动的高效协作提供了技术支持。此外，绿色经济与可持续发展成为区域经济一体化的核心议题。通过推动低碳经济模式和绿色技术的应用，区域经济一体化可以实现经济效益和环境效益的双赢。

区域经济一体化理论为人们理解区域内外的经济活动提供了丰富的工具。从关税同盟理论的贸易创造效应到生产要素理论的资源优化配置功能，这些不仅为区域经济合作提供了理论依据，而且通过实践证明了其在提升经济效率和资源整合能力方面的重要作用。然而，区域经济一体化的外部性问题以及近年来数字经济和绿色经济的兴起，要求人们在研究区域经济效应时更加注重其多维度的影响。

二、区域经济一体化在旅游产业中的应用

区域经济一体化为全球经济发展提供了新动能，旅游产业作为区域合作的重点领域，已成为区域经济一体化进程中实践应用的重要场景。从经典理论出发，区域经济一体化通过政策协调、交通互联、资源共享等方式，优化了区域内外的旅游资源配置。简·丁伯根（J. Tinbergen）的《国际经济一体

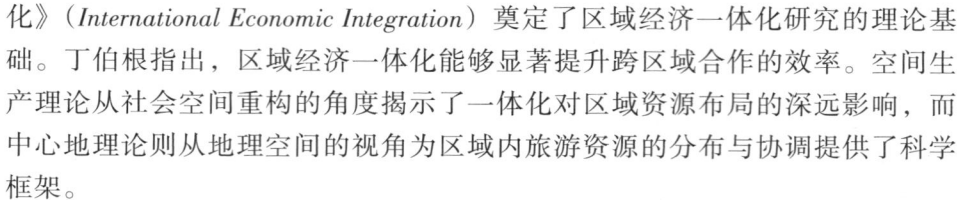

化》（*International Economic Integration*）奠定了区域经济一体化研究的理论基础。丁伯根指出，区域经济一体化能够显著提升跨区域合作的效率。空间生产理论从社会空间重构的角度揭示了一体化对区域资源布局的深远影响，而中心地理论则从地理空间的视角为区域内旅游资源的分布与协调提供了科学框架。

（一）政策协调与区域旅游市场整合

区域经济一体化通过政策协调为旅游市场整合创造了条件。从理论上看，在区域经济一体化的初级阶段，需要通过制度协调降低跨区域的交易成本，而区域政策的统一为一体化进程提供了重要的保障。这些理论在实践中被广泛验证。例如，欧盟通过统一的申根签证政策，将成员国纳入一个无国界旅游区，极大地方便了区域内外游客的流动。研究表明，申根签证政策的实施使欧盟内部旅游人次每年增长 10% 以上，直接推动了区域旅游消费的提升。

在中国，长三角区域旅游一体化通过无障碍政策显著降低制度性交易成本，推出了数条无障碍旅游精品路线。以杭州西湖和苏州古城为例，这两地通过统一的旅游门票折扣和联程票务制度，实现了旅游资源共享与游客流动的协同优化。在粤港澳大湾区，《粤港澳大湾区发展规划纲要》明确提出，要打造国际一流的湾区旅游目的地，并通过区域旅游政策的协调推动"一程多站"旅游模式的发展。

（二）交通互联与基础设施升级

交通基础设施互联互通作为区域经济一体化的关键载体，在旅游产业协同发展中具有核心支撑作用。中心地理论揭示了交通网络与区域旅游经济的内在联系：中心城市与次级节点城市之间的交通连接效率，直接决定了旅游要素流动与区域经济协作的效能。从空间生产理论视角来看，区域合作本质上是通过高铁、高速公路等重大交通基础设施的共建共享，重构区域内的时空关系格局，这种物质空间的再生产过程正是实现深度一体化的基础路径。

在实践中，欧盟通过泛欧交通网络的建设，实现了跨境交通的无缝连接。这种交通一体化举措不仅降低了游客出行成本，而且通过加强区域间的联系优化了资源分布。中国和东盟通过《东盟互联互通总体规划 2025》推动陆路和航空交通的全面发展，使旅游产业实现了快速增长。目前，长三角区域通过高铁网络建设了"两小时旅游圈"。杭州、南京和上海等城市间的高铁连接，使游客可以快速到达主要景区，从而提升了区域旅游的整体吸引力。粤港澳大湾区的港珠澳大桥和广深港高铁，则进一步提升了区域交通的便捷化程度。这些实践不仅优化了区域内外游客的出行体验，而且提升了区域旅游资源的开发和利用效率。

（三）旅游资源的协同开发与共享

区域经济一体化还通过资源共享机制促进了旅游资源的协同开发。根据中心地理论，区域内资源的合理分布是确保区域经济活动高效运转的基础。区域旅游一体化通过整合自然、文化和社会资源，实现了差异化发展的目标。例如，长三角区域通过"江南水乡"旅游品牌的建设，将浙江乌镇、江苏周庄等文化资源整合为一条完整的旅游线路。这种共享模式既提升了各地资源的利用效率，又实现了区域内经济利益的均衡分配。

粤港澳大湾区则通过横琴自贸区的政策支持，整合了澳门的世界文化遗产与珠海的自然景观资源，为跨境游客提供了丰富的选择。此外，大湾区通过"文化＋旅游＋科技"的创新模式，推动了智慧旅游和沉浸式体验的快速发展。这些实践表明，区域旅游资源的协同开发能够显著提升区域整体的市场竞争力。

（四）区域品牌建设与联合营销

区域品牌建设与联合营销是区域经济一体化在旅游产业中应用的另一重要表现。通过区域品牌的塑造和整体宣传，区域内各旅游目的地能够形成合力，在全球市场中提升竞争力。欧盟在这一领域的成功经验尤为引人注目。其通过欧洲旅游委员会的协作，打造了"欧洲"整体品牌，并举办大型活动，如"欧洲文化之都"和欧洲文化遗产日。其中，欧洲文化遗产日是每年9月举行的活动，旨在让游客参观各种文化遗产，包括历史建筑、博物馆和其他文化场所。第41届欧洲文化遗产日于2024年9月20日至22日举行，主题为"路线、网络和连接的遗产及海洋遗产"。这些品牌推广活动增强了欧盟成员国在国际旅游市场的吸引力。东盟通过《东盟旅游战略规划（2016—2025）》，整合区域内的海岛度假资源，推出了"东盟十国一站式旅游"的整体品牌，为区域内外游客提供了独特的旅行体验。我国长三角则通过统一的旅游品牌推广策略，形成了"长三角旅游"的整体品牌，进一步增强了区域旅游资源的吸引力。

粤港澳大湾区在品牌建设方面也取得了一定的成效。例如，粤港澳大湾区文化艺术节为区域内的旅游资源和文化推广提供了平台。通过联合营销和统一宣传，粤港澳逐步形成了具有国际竞争力的区域旅游品牌。

区域旅游一体化尽管取得了显著成效，但仍需应对政策协调不足、利益分配不均和市场信息不对称等问题。区域合作需要通过机制创新实现利益协调，确保区域内各方均能从合作中受益。近年来，数字经济和绿色经济的兴起为区域旅游一体化提供了新方向。通过大数据技术的应用，智慧旅游平台能够实现区域内的信息共享，为游客提供个性化服务。此外，低碳经济模式的推广则有助于实现旅游产业的可持续发展。粤港澳大湾区的区域合作正以智慧旅游和生态旅游为重要突破口，通过创新驱动与绿色发展，持续深化区域经济一体化进程。

区域经济一体化在旅游产业中的应用，体现了从政策协调到资源共享、从交通互联到品牌建设的全方位协作模式。这些实践不仅实现了区域内资源的高效利用，而且增强了区域整体的市场竞争力。从欧盟的统一政策到东盟的跨国品牌，从长三角的交通整合到粤港澳的文化共享，区域经济一体化为旅游产业的繁荣提供了丰富的经验。在未来的发展中，粤港澳大湾区应充分借鉴这些理论与实践成果，通过创新机制和绿色发展模式实现区域旅游的一体化升级。

第二节　区域经济一体化与旅游产业协同发展

区域经济一体化的内涵不仅在于促进区域内部资源的高效配置，而且在于通过协调发展的机制，消除区域间的不平衡状态，从而实现经济的整体协同。这一过程在旅游产业的发展中表现得尤为突出。由于旅游产业具有高度依赖空间流动性、跨界资源整合性以及市场联通性的特征，区域经济一体化为旅游产业的协同发展提供了制度保障和市场基础。通过理论分析和经验研究，区域经济一体化在旅游产业的协同发展中表现为区域协调发展、经济辐射效应，以及增长收敛和发散的多重作用机制。

一、区域协调发展

区域协调发展理论起源于20世纪50年代，以法国经济学家佩鲁（F. Perroux）的增长极理论和美国学者赫希曼（Albert Hirschman）的"核心—边缘"模型为基础。后来，美国学者威廉姆森（Jeffrey Williamson）提出了倒U型假说，区域协调发展理论才形成完整的框架。其中，倒U形假说认为，在一个国家经济发展的初期，区域之间的经济差异一般不是很大；但是，随着国家经济发展速度加快，区域之间的经济差异将不可避免地扩大；当国家的经济发展达到较高的水平时，区域之间的经济差异扩大趋势就会停止，并转变为不断缩小的趋势。这个变化过程就好像倒写的字母U。

区域协调发展理论认为，区域经济一体化能够通过提升资源配置效率和消除行政壁垒促进区域内部的均衡发展。这种协调发展为旅游产业协同提供了政策和实践的双重保障。旅游产业作为资源密集型行业，受区域内资源整合的影响尤为显著。例如，在长三角区域经济一体化实践中，各地通过统一规划和资源共享，推动了区域内旅游产品的互补与融合。江苏的"水韵江苏"品牌、浙江的"诗画浙江"品牌与上海的城市旅游品牌实现了差异化分工和协同发展，不仅优化了区域内旅游资源的配置，而且提升了整体旅游市场的竞争力。

二、经济辐射效应

与区域协调发展理论相似，经济辐射效应理论同样源于法国经济学家佩鲁提出的增长极理论。该理论认为区域经济增长会通过"核心—边缘"结构产生空间扩散，表现为资本流动、技术溢出和产业关联三种传导路径。其核心观点是，经济发展水平较高的核心区会通过交通网络、市场关联和创新扩散等渠道，对周边地区产生带动作用。当前的研究进一步发现，在数字经济时代，辐射效应呈现出网络化、跳跃式传播的新特征。

在旅游产业中，经济辐射效应的具体表现是旅游资源和市场的区域化整合。例如，东南亚国家通过旅游合作协议，形成了以核心城市（如曼谷、新加坡）为中心的资源共享体系。这些核心城市通过交通网络、政策协调和市场吸引力，对周边地区产生了强大的辐射作用，促进了区域整体旅游资源的开发和经济效益的提升。

经济辐射效应是区域经济一体化促进旅游产业协同发展的重要机制。中心地理论强调，区域中心城市通过其经济地位和交通枢纽作用，对周边地区形成梯级辐射效应。这一效应在旅游产业中表现为核心城市的游客溢出和资源外溢。例如，巴黎作为欧洲的热门旅游城市，通过铁路网络和国际航线，将游客分流至法国周边地区的乡村和小城镇，从而实现了区域旅游资源的共享。

三、增长收敛和发散的多重作用机制

区域经济一体化分析模型提出，区域内部的经济增长可能同时表现为增长收敛和发散的双重特性。一方面，区域经济一体化通过交通便利、市场开放和资源共享，提升了落后地区的经济增长速度，表现为区域内的收敛效应；另一方面，中心城市和发达地区拥有先发优势，与边缘地区的差距可能进一步拉大，表现为区域内部的发散效应。区域经济一体化的增长效应具有阶段性：短期来看，可能因集聚效应表现为发散；中长期来看，随扩散效应增强而转向收敛。这一过程受制度设计（如补偿机制）、产业类型（如是否可拆分价值链）等影响。

这一理论在旅游产业中的应用表现在两个方面。一方面，区域经济一体化为落后地区提供了进入旅游市场的机会。例如，中国的长三角区域通过一体化旅游规划，将浙江的乡村旅游资源整合进上海和杭州的国际旅游线路中，为欠发达地区带来了客源和投资。另一方面，区域内的发达城市可能由于品牌效应和市场集中，吸引了更多的游客和资源，使区域内的市场竞争更加激烈。这种现象在东盟的区域旅游合作中也有体现，核心城市（如新加坡）通过其优越的基础设施和品牌优势占据了旅游市场的主导地位，而一些次级目的地则面临游客吸引力不足的问题。

经济增长收敛理论指出，在开放的市场条件下，资本和技术倾向于流向回报率较高的地区，从而促进区域间的增长趋同。这一理论的基础在于，通过降低市场壁垒和增加资源流动性，区域内部的落后地区能够借助技术溢出效应和资本流入实现快速发展。

在旅游产业中，增长收敛的作用尤为显著。例如，欧盟通过区域旅游政策协调和资金支持，促进了中东欧地区旅游产业的快速发展。通过申根签证政策，中东欧国家与西欧核心城市形成了密切的旅游联系。游客可以在统一的政策下方便地跨国旅行，使得区域内经济较为落后的国家，如匈牙利等，能够分享区域经济一体化的红利，从而缩小了区域间的经济差距。然而，增长收敛并非必然。一些研究表明，区域旅游产业的协同发展可能受制于基础设施差距和政策执行的协同性。例如，在非洲的区域旅游合作中，由于成员国之间的政策不一致和交通设施不足，旅游产业的发展呈现出明显的不均衡状态，即政策与制度环境对区域增长收敛具有决定性作用。

从理论层面来看，区域经济一体化理论为旅游产业的协同发展提供了明确的路径：通过协调发展实现资源优化，通过经济辐射效应促进中心与外围互动，通过增长收敛理论弥合区域差距。然而，理论的应用需要结合实际的区域条件。例如，交通网络和政策一致性是实现区域经济一体化的关键，而资源分配的公平性则是保障协同发展的重要基础。

从实践层面来看，全球的区域旅游合作经验表明，区域经济一体化需要在政策协调、资源整合和市场联通上实现深度协同。例如，东盟的区域旅游一体化通过联合营销和政策协调，提升了区域整体的吸引力；欧盟则通过跨国旅游资源的整合，实现了区域间的协同发展。这些经验对理论的验证和补充进一步证明了区域经济一体化在推动旅游产业协同发展中的重要作用。

第三节　区域旅游产业一体化的全球案例与启示

区域旅游产业一体化是推动跨区域经济合作、促进旅游资源优化配置的重要手段。不同区域的实践显示，旅游产业一体化能够通过政策协调、资源共享、交通互联以及品牌塑造等方式，提升区域内外旅游产业的吸引力，释放区域协同效应。在本节，我们将探讨欧盟、东南亚和北美等典型区域的旅游产业一体化实践，总结其成功的经验与启示，为未来的理论研究与实践提供借鉴。

一、欧盟的旅游一体化经验

欧盟的旅游一体化发展是区域合作与经济一体化的典范，其不仅基于区域经济合作的理论框架，而且通过政策协调、资源整合和市场联通等实践，

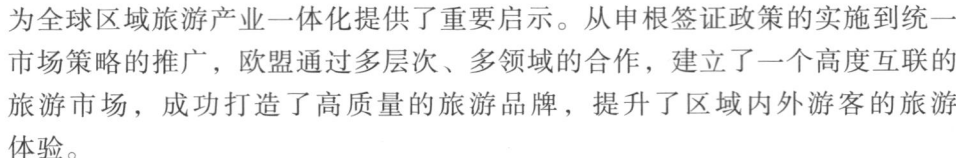
为全球区域旅游产业一体化提供了重要启示。从申根签证政策的实施到统一市场策略的推广，欧盟通过多层次、多领域的合作，建立了一个高度互联的旅游市场，成功打造了高质量的旅游品牌，提升了区域内外游客的旅游体验。

（一）政策协调与制度创新

欧盟旅游产业一体化的首要特征体现在其政策协调机制上。基于关税同盟理论和单一市场理论，欧盟通过一系列制度创新，推动了区域旅游市场的一体化。申根签证政策的实施是欧盟旅游产业一体化的重要里程碑。1985年，法国、德国、荷兰、比利时和卢森堡五国在卢森堡边境小镇申根签订协定，宣布对短期逗留者颁发统一格式的签证，即申根签证，申请人一旦获得某个国家的签证，便可以在签证有效期和停留期内在所有申根成员国内自由旅行。后来，申根成员国的范围进一步扩大。申根区内的游客可以持一张签证通行多个成员国，这极大地降低了跨国旅行的行政成本。这种便利化政策使得游客在区域内的跨境流动更加自由，直接促进了多目的地旅游的兴起。

此外，欧盟还通过制定统一的航空政策，如单一欧洲天空（Single European Sky，SES）计划，减少了成员国间航空管理的分歧，优化了航线分布，提高了区域内的航空效率。单一欧洲天空计划于20世纪90年代发起，旨在推进欧洲空中交通管理系统的现代化进程，满足未来的空域容量和安全需求。它作为欧洲空中交通管理系统的现代化发展目标，从战略规划到部署实施跨度超过20年，涉及政策层面、管理层面、执行层面的工作。单一欧洲天空计划使欧盟成为全球航空运输网络最为密集的地区之一，极大地方便了国际游客的进入和区域内的人员流动。

在税收政策上，欧盟各国还对跨国旅行中的增值税进行了协调，降低了游客在多个国家间旅行的税负成本。这些政策的协调与创新不仅为欧盟内部旅游市场的繁荣奠定了制度基础，而且为全球其他区域的旅游合作提供了可借鉴的模式。

（二）资源整合与跨区域协作

欧盟在旅游资源整合方面的经验主要体现为对文化、自然和历史遗产的保护与利用上。例如，通过"欧洲文化之都"项目，欧盟成员国间以文化为纽带，推动了旅游资源的跨区域整合和协作。"欧洲文化之都"是在欧盟范围内举办的以城市为单位的文化评选活动。它始于1985年，在为期一年的文化活动年内，参与竞选的城市会举办数百场文化活动，最终获胜者能获得"欧洲文化之都"称号。文化活动能为城市带来大量游客，城市能向外界展示自身的文化和历史，城市的知名度也随之提升。每年选出的"欧洲文化之都"不仅能获得欧盟的资金支持，而且能通过举办一系列国际推广活动来吸引游客，从而促进了区域旅游经济的共同繁荣。目前，"欧洲文化之都"自身的品牌认可度、知名度和美誉度不断提升，被认为是欧洲迄今历史最悠久、最成功、最具代表性和认可度最高的项目之一。2018年，保加利亚的瓦尔纳和塞浦路斯的利马索尔入选"欧洲文化之都"，两地携手，共同推广东南欧地区的文化旅游资源。这种区域间的资源整合不仅提升了单一目的地的吸引力，而且通过整合营销将游客引向多个目的地，增强了区域整体的吸引力。2025年1月，德国的开姆尼茨（Chemnitz）获得"欧洲文化之都"的称号。人们在开姆尼茨的卡尔·马克思纪念碑（见图2-1）周围搭建了"欧洲文化之都"开幕式舞台。该市计划2025年全年举办音乐会、艺术展、马拉松赛等超过1000场文化活动。

图2-1　开姆尼茨的卡尔·马克思纪念碑

　　同时，欧盟还推动了跨境自然保护区的建设，如阿尔卑斯山脉的跨国生态旅游项目。这些保护区通过统一的生态标准和管理规则，实现了旅游开发与环境保护的双赢。在这些项目中，生态保护和旅游产业协同发展的模式得以体现，为区域旅游产业的可持续发展奠定了基础。

（三）市场联通与品牌建设

欧盟在市场联通与品牌建设方面的成就为其旅游产业一体化注入了持久的动力。通过欧洲旅游委员会（European Travel Commission，ETC），欧盟以"Visit Europe"为品牌，统一在国际市场中推广"欧洲"这一整体形象。这一品牌战略的成功不仅在于其提升了欧洲整体的国际吸引力，而且通过联合宣传和合作营销减少了成员国间的市场竞争，增强了区域内的协同效应。

在加强品牌建设的同时，欧盟还注重跨境旅游线路的设计。例如，"丝绸之路欧洲段"项目通过联合若干成员国，将欧洲多个历史古迹串联起来，形成了一条完整的旅游线路。这种线路设计不仅为游客提供了多样化的旅行体验，而且促进了成员国间的市场协作和资源共享。

此外，欧盟还开发了一系列联合旅游产品，如"欧洲铁路通票"，使游客能以较低的成本便捷地在成员国间旅行。这种区域间的交通联动进一步提升了游客的旅行便利性，同时推动了跨境旅游市场的整合。

（四）技术支持与数字化转型

随着数字技术的普及，欧盟在旅游产业中率先开启数字化转型。通过旅游数据平台，欧盟成员国能够实时共享游客流量、市场需求和消费趋势等数据，为旅游市场的精准营销和动态管理提供支持。这些数字化工具的应用不仅提升了区域旅游的管理效率，而且通过大数据分析优化了游客的体验。

（五）生态保护与可持续发展

欧盟在旅游产业一体化中始终坚持生态保护与可持续发展的原则，通过一系列政策工具推动绿色旅游的实施。低碳旅游和循环经济已经成为欧盟旅游产业的两个重要的发展方向。欧盟通过统一的环保标准限制旅游活动对自然资源的过度消耗，同时通过"绿色酒店认证"和"可持续旅游奖"等机制鼓励成员国的旅游企业采取环保措施。这些政策的实施不仅增强了欧盟旅游的环境友好性，而且提升了国际市场对欧盟旅游的认可度和美誉度。

欧盟旅游一体化的经验为其他区域的旅游合作提供了诸多启示。首先，政策协调与制度创新是实现旅游产业一体化的基础。从申根签证政策到单一欧洲天空计划，这些制度安排极大地提升了区域内旅游的便利性和吸引力。其次，资源整合与跨区域协作是提升旅游吸引力的重要途径。通过"欧洲文化之都"项目和跨境自然保护区的建设，欧盟实现了区域内资源的优化配置。再次，市场联通与品牌建设是增强区域旅游竞争力的关键。通过统一的品牌规划和跨境旅游线路规划，欧盟在国际市场中塑造了良好的整体形象。最后，欧盟强调技术支持与数字化转型、生态保护与可持续发展，为旅游产业的可持续发展提供了保障。数字化转型提升了区域内的管理效率，而绿色旅游政策则为区域旅游产业的长期发展提供了源源不断的动力。这些经验对于推动其他地区的旅游产业一体化具有重要的参考价值，特别是在发展数字经济和绿色经济的背景下。

欧盟的旅游产业一体化经验是区域经济合作的典范，其通过政策协调、资源整合、品牌建设和生态保护，成功构建了一个高度协同、可持续发展的区域旅游市场。这些实践不仅为欧盟内部的经济繁荣做出了贡献，而且为全球区域旅游产业一体化提供了重要的参考框架。在未来的发展中，欧盟的经验将继续为其他区域的旅游合作提供启示，为实现全球旅游产业的高效协作和可持续发展贡献力量。

二、东南亚的滨海旅游合作

东南亚是全球旅游产业发展最具活力的地区之一，其滨海旅游凭借得天独厚的自然条件、丰富多彩的文化遗产和区域合作的战略推动，逐步成为区域旅游产业一体化的成功样本。以东盟为核心，东南亚各国通过政策协同、交通基础设施建设、联合营销、品牌推广，以及资源共享机制，打造了具有全球吸引力的滨海旅游体系。这种区域旅游合作促进了区域内旅游产业的蓬勃发展，也为其他区域旅游产业一体化提供了宝贵的经验。

（一）政策协调与制度保障

东南亚滨海旅游合作的成功得益于东盟框架下的政策协调与制度保障。东盟通过多边合作协议和区域旅游战略计划，为区域内旅游产业的整合提供了制度基础。《东盟旅游战略规划（2016—2025）》明确了旅游产业作为区域经济增长重要驱动力的战略地位，旨在促进区域内旅游市场的互联互通、文化交流与资源共享。政策推动了区域内签证的便利化和旅游服务的标准化。东盟部分国家实施了"东盟通行证"（ASEAN Common Visa）的试点，使区域内外游客可以更便捷地访问多个东盟国家。该政策不仅降低了跨境旅游的时间和经济成本，而且显著提升了游客的跨国旅行意愿。此外，东盟制定的区域旅游服务标准，如绿色酒店标准（ASEAN Green Hotel Standards）和社区导游培训计划，为滨海旅游的可持续发展提供了重要支撑。

（二）交通互联与基础设施建设

交通基础设施的建设是东南亚滨海旅游合作的重要支柱。东盟大力推进区域内交通设施的升级改造，改善了滨海旅游资源的可达性。例如，泰国的普吉岛、菲律宾的长滩岛和印度尼西亚的巴厘岛等主要滨海旅游目的地，通过扩建机场和优化海运网络，大幅提升了游客到达的便利性。

区域内航空合作是东南亚交通互联的重要体现。东盟成员国通过开放天空政策，推动了区域内航空的自由化水平，使区域内的短程航线更加丰富且成本更低。廉价航空公司的兴起，如亚洲航空（AirAsia）和泰国狮航（Thai Lion Air），进一步降低了游客的旅行成本，为区域旅游市场的快速增长提供了动力。

此外，东盟还大力投资区域内跨境交通设施。例如，马来西亚、新加坡与泰国之间的高速铁路项目，极大地缩短了主要滨海城市间的通行时间，推动了跨境旅游线路的发展。这些基础设施建设为区域滨海旅游资源的开发和市场整合奠定了坚实的基础。

（三）联合营销与品牌塑造

东南亚滨海旅游的联合营销与品牌塑造为区域旅游产业一体化提供了宝贵的经验。东盟通过整合区域内的滨海资源，推出了"东盟十国一站式旅游"品牌，成功吸引了来自欧美和东亚的游客。该品牌强调区域内海岛、沙滩和海洋资源的多样性，同时通过跨国旅游线路设计，使游客在一次旅行中可以体验多个国家的滨海风光。

大型区域性文化和旅游活动也是品牌推广的重要方式。例如，每年举办的"东盟旅游论坛"（ASEAN Tourism Forum，ATF）为区域内外的旅游从业者和游客提供了展示和交流的平台。这些活动加强了东盟成员国之间的合作，也提升了东盟整体的旅游吸引力。

联合营销的另一个成功实践是区域内数字化平台的应用。东盟通过建立东南亚旅游信息门户网站"Visit Southeast Asia"[①]（见图2-2），整合区域内主要滨海旅游目的地的信息，方便游客规划跨国旅行。这种数字化的联合营销策略增强了区域旅游品牌的传播效果，也为游客提供了更加便捷的服务。

图2-2　"Visit Southeast Asia"网站首页

（四）旅游资源的协同开发与环境保护

东南亚滨海旅游合作在注重经济效益的同时，也高度重视环境保护与可持续发展。区域内各国通过协同开发，形成了差异化且互补的滨海旅游产品体系。以泰国为例，这个"微笑之国"拥有普吉岛、苏梅岛等世界级奢华度假胜地，更以专业化的潜水产业著称。从涛岛的潜水培训基地到斯米兰群岛的深海潜点，完善的配套设施和多样化的海洋生态使其成为全球潜水爱好者的朝圣地。菲律宾则另辟蹊径，主打"最后的海上秘境"概念。科隆岛保留着完整的喀斯特地貌和沉船遗迹，锡亚高岛则以原始冲浪胜地闻名。这些未经大规模商业开发的海岛，凭借其原生态的自然景观和淳朴的人文风情，成功地吸引了追求独特体验的旅行者。作为"万岛之国"的印度尼西亚，则巧妙地将自然景观与文化底蕴相结合。巴厘岛拥有迷人的海滩，更以印度教寺庙、传统舞蹈等文化遗产著称；婆罗浮屠（见图2-3）与普兰巴南寺庙群（见图2-4）被列入世界文化遗产名录，成为文化旅行的必访之地。这种"自然＋文化"的双重魅力，使印度尼西亚在国际旅游市场中占据了不可替代的地位。

[①]　中文网站网址为 https://www.visitsoutheastasia.cn/。

图2-3　婆罗浮屠

图2-4　普兰巴南寺庙群

　　东盟制定了一系列环境保护政策，为滨海旅游的可持续发展提供保障。近年来，随着东南亚滨海旅游产业的蓬勃发展，各国政府逐渐意识到生态环境的脆弱性，并通过区域协作与本土实践相结合的方式，推动旅游产业的绿色转型。以菲律宾为例，该国政府针对长滩岛因过度旅游开发导致的水质污染、珊瑚退化等问题，实施了严格的环境整治措施。2018年，菲律宾政府宣布关闭长滩岛半年，进行生态修复，并重新规划旅游设施布局。长滩岛重新开放后，菲律宾政府开始实施游客限流政策，规定每日最高接待量，并禁止一次性塑料制品的使用，使长滩岛的海洋生态得到显著恢复，游客的旅游体验也随之提升。印度尼西亚则通过科莫多国家公园的保护措施，展现了生态旅游的可持续发展模式。由于科莫多巨蜥的栖息地面临旅游活动干扰，印度尼西亚政府一度考虑关闭科莫多岛，但最终改为限制游客数量并提高门票价格，以减少生态压力。同时，印度尼西亚政府加强了对非法捕捞和红树林破坏的监管，确保旅游开发与生态保护之间的平衡。

这些实践表明，区域合作在环境治理和旅游可持续发展方面发挥着关键作用。东盟国家通过共享环保政策经验、协调跨境生态保护行动，不仅缓解了过度开发对滨海生态系统的破坏，而且提升了旅游产业的竞争力。未来，随着气候变化和海洋污染等全球性问题越来越突出，东盟各国仍需深化合作，推动更严格的环保法规，确保滨海旅游的绿色、可持续发展。

（五）区域滨海旅游合作面临的挑战与未来的发展方向

东南亚滨海旅游合作取得了显著成效，但仍面临一些挑战。首要问题在于区域发展不均衡，各国经济水平的差异直接影响了旅游基础设施建设的同步性。以柬埔寨和缅甸为例，其交通网络和旅游服务设施建设相对薄弱，制约了整个区域旅游市场的协同发展。此外，区域政策协调机制有待完善，如"东盟通行证"计划因东盟成员国移民政策差异而推进缓慢，限制了区域内游客流动的便利化程度。

东南亚滨海旅游合作以政策协调、交通互联、品牌塑造和资源共享为核心，形成了一个高度整合的区域旅游市场。这一合作模式在推动区域经济增长、提升国际旅游吸引力和实现可持续发展方面发挥了重要作用。尽管面临一定挑战，但东南亚的经验表明，区域旅游合作的成功需要以强有力的制度保障和基础设施建设为基础，并通过联合营销和环境保护实现经济效益与生态效益的平衡。

三、北美自由贸易区的跨境旅游协同

北美自由贸易区是世界上最具代表性的区域经济一体化组织之一，其涵盖美国、加拿大和墨西哥三个国家。在这一框架下，商品贸易和资本流动的自由程度得到了提升，跨境旅游也成为经济合作的重要组成部分。区域的跨境旅游产业协同发展，不仅有助于促进区域内资源整合和游客流动，而且为旅游目的地的互补性开发和综合竞争力提升提供了强有力的制度保障。

（一）政策协调与旅游便利化

北美自由贸易区框架为区域内的旅游产业发展提供了基础性政策支持。通过削减跨境限制，三国游客在跨境旅行时体验到了更高的自由度。美国和加拿大之间的《西半球旅行倡议》（*Western Hemisphere Travel Initiative*，WHTI）便是这一政策协调的典型案例，该倡议使得持有指定身份证件的居民能够在两国之间自由流动，这一举措显著提升了两国边境地区的旅游频率，加强了两国的经济联系。此外，美国与墨西哥的边境地区旅游免签政策进一步降低了跨境旅行的行政成本，推动了墨西哥北部边境地区旅游市场的快速发展。

北美自由贸易区还通过关税减免和投资开放，为跨境旅游的基础设施建设提供政策支持。例如，美国企业得以在墨西哥境内投资建设高端度假村，而墨西哥政府则通过税收优惠吸引资本进入本国旅游产业。这种政策协调不仅提升了区域内旅游服务的质量，也促进了不同国家间旅游资源的有效配置。

（二）交通互联与跨境旅游线路

交通互联是北美自由贸易区促进跨境旅游协同的重要手段。三国在陆路交通、航空网络和海上运输领域开展了大规模合作，为游客提供了多样化的跨境旅行方式。美国与加拿大之间的跨境铁路服务，如安大略至纽约的 Amtrak 列车，以及密歇根至安大略的货运和客运服务，为游客提供了便捷的陆路交通选择。此外，通过航线整合，三国之间的航空网络覆盖更加全面。

墨西哥和美国之间的跨境旅游合作以陆路交通为主。边境公路和港口设施的建设提升了游客从美国南部进入墨西哥度假胜地的便利性。美国加利福尼亚州和墨西哥巴哈半岛之间的自驾游线路成为跨境旅游的重要模式，这些线路依托完善的交通网络和两国间的互通政策，吸引了大量游客。

（三）区域品牌整合与联合营销

北美自由贸易区成员国在旅游品牌的塑造上注重区域联动与资源整合。三国分别发挥自身的旅游优势，通过打造区域性品牌吸引全球游客。加拿大充分发挥其自然资源优势，重点打造"纯净北美"生态旅游品牌。从落基山脉的国家公园群到北极圈内的极光观赏地，加拿大通过生态认证体系和低碳旅游标准，占领了全球生态旅游标杆地位。美国则依托其世界级的都市群和创意产业，塑造了"活力北美"都市旅游品牌。纽约、洛杉矶等国际大都市的文化地标，与奥兰多、拉斯维加斯等主题娱乐之都形成联动。特别值得注意的是，美国创新性地将科技与旅游融合，AR、VR技术在主题公园的广泛应用使其在全球主题乐园市场处于领导地位。墨西哥凭借得天独厚的海岸线和悠久的文明史，精心培育"魅力北美"文化度假品牌。坎昆、洛斯卡沃斯等滨海度假区不断提升服务质量，而奇琴伊察作为玛雅城市文化顶峰时期的重要遗址，拥有库库尔坎金字塔（见图2-5）等旅游资源，在国际旅游市场上拥有极强的吸引力。

图2-5　库库尔坎金字塔

此外，北美自由贸易区框架下的旅游合作强调区域内部旅游品牌的互补性。美国的洛杉矶、拉斯维加斯与墨西哥的坎昆、卡波圣卢卡斯联合推广"沙漠与海洋"主题旅游线路，吸引了不少高端游客。加拿大的班夫国家公园与美国的黄石国家公园则通过联合宣传吸引生态旅游爱好者。这种基于资源优势互补的品牌整合，不仅提升了北美区域整体的旅游吸引力，而且显著延长了游客的停留时间，提升了游客的消费水平。

（四）旅游协同中的经济效益与文化交流

北美自由贸易区促进跨境旅游产业协同发展的举措创造了显著的经济效

益。旅游产业的蓬勃发展直接促进了区域内的服务业和相关产业的增长。据统计，墨西哥北部边境地区的旅游收入近年来不断增长，而美国南部各州因跨境游客增加获得的消费收益也显著提升。

跨境旅游的协同发展在促进文化交流方面发挥着独特而深远的作用。通过旅游活动，三国游客加深了对彼此文化的理解，区域文化的多样性和包容性程度也得以提升。例如，美国游客通过访问墨西哥的历史遗迹，参与种类多样的文化艺术节，体验了丰富的拉美文化，而墨西哥游客则通过赴美旅游了解美国的现代城市文化。这种文化交融不仅增强了区域内部的认同感，而且为北美自由贸易区的持续发展提供了社会文化基础。

（五）面临的挑战与应对策略

北美自由贸易区框架下的跨境旅游协同取得了显著成果，但仍面临一些挑战。首先，三国之间的经济差距导致旅游资源分布和利益分配的不均衡。从旅游消费格局来看，美国游客在墨西哥旅游市场占据主导地位，但墨西哥游客赴美旅游人均消费并不高，这种明显的消费落差形成了单向的旅游经济流动，在一定程度上限制了区域内旅游产业的均衡发展。此外，政治和安全问题为跨境旅游带来了不确定性，如墨西哥边境的犯罪问题在一定程度上抑制了游客的流动。

针对这些问题，三国可以采取更紧密的协作策略。例如，三国可以通过设立区域旅游发展基金，支持边境地区的基础设施建设，为游客提供更稳妥的安全保障；进一步推进旅游服务标准化，提升游客体验；加强外交合作，减少政治和安全问题对旅游市场的负面影响。

北美自由贸易区框架下的跨境旅游协同为区域经济一体化背景下的旅游合作提供了宝贵的经验。通过政策协调、交通互联、品牌整合和文化交流，北美自由贸易区成功实现了旅游资源的整合与共享。在未来的区域经济一体化实践中，其他地区可以借鉴北美自由贸易区的经验，进一步提升区域旅游的整体竞争力和可持续发展能力。北美自由贸易区的经验表明，旅游协同不仅需要政策和市场的双重推动，而且需要关注区域内外游客的多样化需求。在获得经济效益的同时，注重文化交流和社会包容性是推动区域旅游产业协同发展的重要方向。

四、启示与未来的发展方向

（一）启示

区域旅游产业一体化作为全球经济一体化的重要组成部分，体现了区域协作与文化交流的多重价值。从欧盟的成功经验，到东南亚滨海旅游的实践创新，再到北美自由贸易区的跨境协同，这些案例为全球其他区域提供了宝贵的经验，也为粤澳区域经济一体化及其旅游产业未来的发展路径提供了启示。

欧盟的旅游产业一体化经验表明，制度协调和政策统一是实现旅游资源共享与市场整合的核心驱动因素。在欧盟，单一市场政策和申根签证政策使跨境旅游变得更加畅通。这一经验启示粤澳地区，在推进区域旅游产业一体化的过程中，需要将制度对接和政策协同摆在首要位置。跨境政策协调机制能够实现旅游签证、交通规则、服务标准的统一，为区域内外游客提供更加便利的体验。此外，欧盟对文化遗产的保护与利用，以及在国际市场上的联合营销策略，也为粤澳区域打造"一程多站"旅游产品提供了借鉴。深挖历史文化资源，并将澳门的世界遗产、香港的都市魅力和珠三角的自然景观有效整合，有助于打造具有国际吸引力的旅游目的地。

东南亚的滨海旅游合作展示了旅游资源多样性与生态保护的价值。在这一地区，海岛旅游资源通过合作开发被有效利用，而区域内环境保护和可持续发展的理念也得到了深入贯彻。这种模式提醒粤澳地区，在推动旅游产业一体化的同时，要高度关注区域生态环境的承载力。大湾区的滨海资源，如珠江口的湿地、横琴岛的生态景观，既是旅游发展的基础，也是生态保护的关键。通过引入绿色旅游的理念，推动低碳旅游基础设施建设，粤澳地区可以在经济效益与环境保护之间实现双赢。

北美自由贸易区的跨境旅游协同强调了交通互联和市场机制的重要性。通过跨境高速公路、铁路和航空网络的建设，加拿大、美国和墨西哥之间形成了高效的跨境游客流动。这一经验为粤澳交通一体化建设指明了方向。当前，港珠澳大桥和广深港高铁的建成已成为区域互联互通的标志性工程，但未来，还需在区域内部进一步完善旅游交通网络，特别是低成本、高效的城际交通设施，以提升区域内游客流动的便捷程度。此外，北美自由贸易区的经验还表明，自由贸易和市场竞争是提升区域整体竞争力的有效手段。粤澳可以进一步

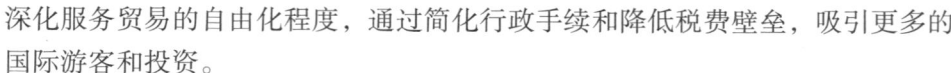

深化服务贸易的自由化程度，通过简化行政手续和降低税费壁垒，吸引更多的国际游客和投资。

（二）未来的发展方向

在未来的发展方向上，粤澳区域旅游产业一体化需要从以下几个方面进行探索和实践。

首先，应在现有基础上加强跨境文化与旅游合作，充分发挥澳门作为世界旅游休闲中心和香港作为国际金融中心的优势，与珠三角城市形成差异化竞争与互补发展的格局。在品牌建设上，可以参考欧盟的统一品牌策略，联合推出大湾区国际旅游目的地整体形象建设方案，进一步增强吸引力。

其次，粤澳需要进一步深化数字化与智慧旅游的应用。数字经济的兴起为区域旅游产业一体化注入了新的活力。粤澳通过搭建跨区域的旅游数字平台，能够实现旅游信息的共享与实时更新，提升游客的出行体验。在这一过程中，大数据和人工智能技术的引入能够帮助区域内各城市优化资源配置，提供个性化的旅游服务。此外，数字支付、线上营销和智慧景区管理等新兴技术的应用，也将使粤澳的旅游服务迈向更高的层次。

再次，在生态可持续发展的要求下，粤澳区域旅游产业一体化应注重低碳转型和绿色发展。通过鼓励公共交通的使用、推广绿色建筑和景区环保管理，粤澳可以为游客创造更健康的旅行环境。同时，粤澳可以尝试建立区域环境监测和预警机制，及时应对旅游开发可能带来的环境压力，确保区域旅游资源的可持续利用。

最后，教育与创新应成为推动粤澳旅游产业一体化的重要驱动力。通过区域内高校和科研机构的合作，粤澳可以打造旅游教育与研究高地，为区域旅游产业培养更多的复合型人才。在创新方面，可以鼓励跨区域的企业联合研发，推出更加多样化和具有吸引力的旅游产品。

总之，欧盟、东南亚和北美自由贸易区的经验表明，区域旅游产业一体化是一项复杂而系统的工程，其成功需要政策协调、基础设施建设、文化认同与市场机制的共同作用。粤澳作为中国经济最具活力的区域之一，在旅游产业一体化上有着得天独厚的优势。在未来，粤澳需要通过多层次、多领域的合作，不断提升旅游产业一体化的深度与广度，将其建设成为具有国际影响力的旅游目的地，为全球区域旅游产业一体化的实践贡献中国方案。

第三章
粤澳区域经济一体化背景下旅游产业的现状分析

在粤澳区域经济一体化进程中，粤港澳大湾区作为国家战略布局的核心区域，已成为我国最具发展活力和国际竞争力的城市群之一。自《粤港澳大湾区发展规划纲要》发布以来，粤港澳大湾区在基础设施互联互通、产业协同发展、人才交流等方面取得了显著成效。其中，旅游产业作为区域经济的重要支柱之一，在粤澳区域经济一体化的背景下迎来了新的发展机遇，也面临着诸多挑战。粤澳旅游产业的发展不仅涉及传统的旅游资源开发和市场营销，而且关系到政策协同、产业融合以及全球化背景下的竞争力提升。

澳门作为中国的自由港和世界旅游休闲中心，在粤港澳大湾区旅游产业格局中占据核心地位。广东省则依托丰富的旅游资源、发达的经济基础和完善的产业链，在粤澳旅游合作中发挥着重要作用。随着横琴粤澳深度合作区的建设，粤澳旅游产业合作进入新的发展阶段，涵盖文化旅游、会展经济、休闲度假、智慧旅游等多个领域。然而，旅游资源整合不足、市场推广模式单一、基础设施建设不均衡、跨区域管理体制不协调等问题，仍然是粤澳旅游产业一体化过程中需要重点解决的难题。

本章将从粤港澳大湾区旅游资源和产业特征出发，分析粤澳旅游产业的发展现状及主要特征，并探讨两地旅游产业融合发展的方向。系统梳理粤澳旅游产业的发展脉络能够为粤澳旅游产业一体化提供理论支持和实践依据。

第一节　粤港澳大湾区旅游资源与产业特征

粤港澳大湾区地理位置优越，地处珠江三角洲，紧邻南海，具有丰富的自然和人文旅游资源。根据《粤港澳大湾区发展规划纲要》，粤港澳大湾区被定位为世界级城市群、国际科技创新中心和全球旅游目的地，是聚焦高质量发展的综合性区域。在这一背景下，粤港澳大湾区内各城市依托自身优势，形成了多样化的旅游资源分布和产业结构。

一、粤港澳大湾区的旅游资源与产业分布

粤港澳大湾区作为国家级战略区域，依托其得天独厚的地理位置和历史文

化底蕴，构建了丰富多样的旅游资源体系。从珠江三角洲的现代化都市风光，到沿海地区的自然生态景观，再到澳门的文化遗产，每个城市都凭借其独特的资源禀赋，在粤港澳大湾区的旅游产业体系中扮演着不可替代的角色。为了更好地理解粤澳区域旅游产业的布局，接下来，本节将逐一分析中心城市的资源特色、产业发展现状及未来趋势。

（一）广州：岭南文化与现代都市交融的核心旅游城市

广州，作为粤港澳大湾区的中心城市之一，不仅是中国最早对外开放的城市之一，而且是岭南文化的重要发源地和集聚地。广州的旅游资源涵盖历史文化、现代都市、美食文化及生态景观等多个维度，为游客提供了多样化的旅行体验。近年来，广州积极推进文化与旅游深度融合，提升国际化旅游服务水平，在国内外旅游市场中占据着举足轻重的地位。

1. 历史文化资源：岭南文化的核心承载地

广州，这座拥有2200多年建城历史的岭南名城，是中国古代海上丝绸之路的重要发祥地，素有"千年商都"的美誉。早在秦汉时期，南越国在此建都立制，奠定了广州作为岭南地区政治、经济、文化中心的地位。唐宋时期，广州更是发展成为举世闻名的国际贸易大港，来自波斯、阿拉伯等地的商船云集珠江口岸。作为中国历史上唯一从未关闭过的对外通商口岸，广州见证了中外经济文化交流的千年历程，积淀了开放包容的城市品格，为今日的粤港澳大湾区建设提供了深厚的历史文化底蕴。

（1）南越王博物院

南越王博物院（见图3-1），是以南越国重要考古遗存为依托的大型考古遗址类博物馆，为国家一级博物馆，分为王墓和王宫两个展区。南越王博物院保存着南越文王墓、南越宫苑、南汉王宫等考古遗址，全面展现了南越国统治时期的历史风貌，具有极高的考古和历史研究价值。南越王博物院承载着岭南文化两千余年的历史底蕴，是中华文明多元一体格局的重要见证，是游客读懂广州、感受人文湾区的文化窗口。

图3-1 南越王博物院

（2）陈家祠

陈家祠（见图3-2）建于清朝光绪年间，是当时陈姓人氏兴建的合族祠堂。落成后，陈家祠一直作为陈姓子弟读书办学的地方，故又称陈氏书院。陈家祠是广东地区保存最完整、规模最大的传统岭南建筑之一，是广东传统工艺美术的集大成者，被誉为"岭南建筑艺术的瑰宝"。建筑内部的木雕、砖雕、石雕、陶塑、灰塑等工艺精美绝伦。如今，陈家祠已经成为游客了解岭南传统文化的重要窗口。

图3-2 陈家祠

（3）光孝寺

光孝寺（见图3-3）是广州著名的古建筑群之一，始建于东晋时期，已有1700多年的历史，是岭南文化的重要发源地之一。寺内的六祖殿、铁塔等历史建筑具有极高的文化价值，每年吸引众多游客前来参观。

图3-3　光孝寺

（4）西关大屋

西关大屋（见图3-4）是广州特有的民居建筑形式，集中分布于荔湾区恩宁路一带。其建筑风格融合了中西元素，以青砖墙、满洲窗为主要特征，见证了广州近代商业发展的兴衰。近年来，广州市政府对西关大屋进行了修复和保护，使其成为展示岭南传统文化的代表性景区。

图3-4　西关大屋

（5）沙面岛

沙面岛是广州最具欧陆风情的旅游胜地，原为英法租界，保存着150多栋欧洲风格建筑，被誉为"露天建筑博物馆"。岛上绿树成荫，步行道两侧分布着各类咖啡厅、餐厅和艺术馆，是休闲旅游和文化探索的理想场所。

2. 现代都市旅游：国际化大都市的魅力

作为中国最早对外开放的城市之一，广州以其现代化的城市风貌和繁华的商业氛围吸引着大量游客，成为粤港澳大湾区的重要国际旅游目的地。

（1）广州塔

广州塔（见图3-5），又称"小蛮腰"，总高度600米，是中国第一高塔，也是广州现代都市旅游的标志性建筑。塔内设有多层观景平台，游客可以在450米高空俯瞰珠江两岸的城市景观。此外，广州塔还拥有全球最高的户外旋转餐厅和惊险刺激的"云霄飞车"，是备受游客青睐的地标性景点。

图3-5 广州塔

（2）珠江新城

珠江新城是广州最繁华的现代商业中心，集金融、科技、文化、商业于一体。这里高楼林立，包括广州国际金融中心（IFC）、广州大剧院、广东省博物馆等标志性建筑，展现了广州作为国际化大都市的现代风貌。

（3）琶洲国际会展中心

琶洲国际会展中心是中国乃至全球最重要的会展中心之一，每年举办的中国进出口商品交易会（广交会）吸引了全球的商贸人士前来参观和采购。此外，琶洲国际会展中心周围还汇聚了多个高端酒店、商务中心和购物商场，为商务旅行者提供了便捷的服务。

（4）海心沙公园

海心沙公园是珠江上的一个天然江心岛，毗邻广州塔、珠江新城，与二沙岛、花城广场隔江相望。作为2010年广州亚运会开闭幕式主会场，这里从昔日的港口码头转型为集文化、休闲、景观于一体的城市中央公园，被誉为"广州城市客厅"。

3. 美食旅游：粤菜文化的核心发源地

作为粤菜的发源地，广州自古享有"食在广州"的盛誉，也是全球公认的美食之都。这座城市凭借独特的地理位置和开放包容的城市气质，孕育出了博大精深的饮食文化体系。这里的美食种类繁多，涵盖广式早茶、广式烧腊、海鲜大餐等多个类别，吸引着全球食客前来探索。

（1）广式早茶

广式早茶（见图3-6）是广州最具代表性的饮食，市内众多茶楼提供正宗的广式点心，如虾饺、叉烧包、糯米鸡、凤爪等。广州老字号茶楼如陶陶居、莲香楼、广州酒家等，深受游客喜爱。

图3-6　广式早茶

（2）广式烧腊

广式烧腊（见图3-7）是粤菜的精华之一，包括叉烧、烧鹅、脆皮乳猪等菜式。其中，泮溪酒家、陶陶居等餐厅的烧腊最受欢迎。

图3-7　广式烧腊

（3）海鲜大餐

作为珠江入海口的门户城市，广州坐拥得天独厚的地理优势，每日清晨从南海渔港直达餐桌的新鲜海产，造就了这座城市鲜活生猛的海鲜文化。在这里，游客不仅能品尝到最地道的广式海鲜料理，而且能体验岭南人"食不厌精"的烹饪智慧。在广州，各大餐厅提供丰富的海鲜菜品，如白灼虾、豉汁蒸鱼、椒盐濑尿虾等。

4. 生态旅游：都市中的绿色休闲空间

作为国家中心城市，广州以现代化都市形象闻名，更凭借得天独厚的生态资源成为"公园里的城市"。广州将山、水、城、林融为一体，为游客提供多元化的生态旅游体验。

（1）白云山

白云山是广州市区内最大的自然风景区，拥有丰富的动植物资源和优美的自然风光。白云山三面面向平原，适合登高远眺，自古就有"羊城第一秀"的美誉，是旅游避暑之胜地。游客可以登山远足，俯瞰广州全景，也可以在山间的茶馆中享受宁静的午后时光。

（2）海珠国家湿地公园

海珠国家湿地公园，原为广州万亩果园，是我国唯一一个地处超大城市中轴线上的国家湿地公园，被誉为"广州绿心"。公园里有湖泊、河流、沼泽和果园，湖水清澈，鸟类品种丰富，兼具生态湿地、历史文化、科普教育、观光休闲功能，是都市居民和游客的休闲度假胜地。

（3）白水寨

白水寨位于广州增城，水文特征显著，拥有原始森林、浅滩湿地及峡谷天池等自然生态资源。其标志性景观为白水仙瀑，落差超过400米，是中国大陆落差最大的瀑布之一。

（二）深圳：科技创新与现代都市旅游的典范

深圳作为中国改革开放的前沿阵地，凭借其强大的科技创新能力、现代化城市规划和优质的营商环境，迅速崛起为全球瞩目的大都市。深圳是粤港澳大湾区的重要核心城市，也是全球科技创新中心和中国最具活力的旅游城市之一。其旅游资源主要包括主题公园、滨海风光、高科技产业展示、商务会展旅游、购物娱乐等，为不同类型的游客提供丰富的旅游体验。

1. 主题公园与娱乐体验：世界级主题旅游目的地

深圳是中国主题公园产业的先行者，被誉为"中国主题公园之都"。在过去几十年里，深圳建设了一系列极具特色的主题公园，成为国内外游客的重要旅游目的地。

（1）世界之窗

世界之窗（见图3-8）是深圳最具代表性的主题公园之一，园区内汇集了全球130多个著名景点的缩微模型，如埃菲尔铁塔、金字塔、悉尼歌剧院等。游客可以在一天之内"环游世界"，欣赏具有国际特色的文化表演，如非洲舞蹈、欧洲宫廷表演、美国西部牛仔秀等。此外，园区内还设有种类丰富的娱乐项目，如模拟滑雪、过山车等，为游客提供丰富的互动体验。

图3-8　世界之窗

（2）深圳欢乐谷

深圳欢乐谷是国内最早的大型现代化主题乐园之一，于1998年建成开园。乐园分为多个主题区域，包括"欢乐时光""飓风湾""魔法城堡"等，提供超过100项游乐设施，是一座融观赏性、娱乐性、趣味性于一体的中国现代主题乐园。无论是适合家庭游客的儿童游乐区，还是刺激惊险的云霄飞车、水上过山车等项目，深圳欢乐谷都能满足不同年龄层游客的需求。

（3）东部华侨城

东部华侨城是集生态旅游、主题公园、文化演艺、酒店度假于一体的综合性旅游度假区。景区内设有茶溪谷、云海谷等多个生态主题区域，提供滑索、漂流、高空缆车等丰富的户外活动项目。东部华侨城以"绿色生态＋文化旅游"为特色，成为国内生态旅游与主题公园结合的典范。

（4）大鹏所城

大鹏所城（见图3-9），全称为"大鹏守御千户所城"，是明清时期的军事防御遗址，见证了深圳从小渔村到现代化大都市的变迁。近年来，深圳市政府加大了对大鹏所城的保护和开发力度，使其成为文化旅游与城市历史探索的热门景点。

图3-9　大鹏所城

2. 滨海旅游：粤港澳大湾区的蓝色休闲胜地

深圳位于珠江口东岸，拥有蜿蜒的海岸线，风景优美的海滩和海岛使其成为滨海度假旅游的重要城市。

（1）大梅沙与小梅沙

大梅沙与小梅沙是深圳最受欢迎的海滩度假区，每年都吸引了大量本地及外地游客。大梅沙沙滩宽阔，水质清澈，拥有完善的度假设施，如滨海公园、度假酒店、水上运动中心等。小梅沙适合游客进行深海潜水、帆船等水上活动。

（2）较场尾

较场尾是深圳最具文艺气息的滨海旅游区，这里聚集了众多特色民宿、咖啡馆和手工艺品店，为游客提供轻松悠闲的滨海度假体验。近年来，较场尾成为粤港澳大湾区年轻游客的热门目的地。

（3）西涌海滩

西涌海滩位于大鹏半岛，被誉为"深圳最美海滩"。那里拥有洁白的沙滩，是冲浪、露营、举办篝火派对的理想场所。近年来，深圳市政府加强了西涌海滩的生态保护力度，使其成为高端度假和户外探险的热门目的地。

（4）蛇口邮轮母港

蛇口邮轮母港是粤港澳大湾区重要的国际邮轮港口，每年开通多条前往日本、东南亚等地的国际邮轮航线。随着中国邮轮旅游市场的快速增长，蛇口邮轮母港迎来了重要的发展机遇。

3. 科技旅游与创新体验：全球科技创新中心

深圳作为全球领先的科技创新中心，以华为、腾讯、大疆、比亚迪等高科技企业闻名。近年来，深圳市政府大力发展"科技＋旅游"产业，让游客可以深入了解中国科技创新的发展成就。

（1）华为总部

华为，全称为华为技术有限公司，是全球领先的信息通信技术企业，总部位于深圳坂田，是科技爱好者和商务游客的重要参观地点。华为企业展厅展示了5G技术、人工智能、智能手机、智慧城市等前沿科技项目，向公众开放部分展览和体验项目。

（2）腾讯滨海大厦

腾讯，全称为深圳市腾讯计算机系统有限公司，是全球互联网产业的领军企业，其总部腾讯滨海大厦位于深圳南山。大厦内的腾讯展览馆展示了人工智能、云计算、VR游戏、数字支付等前沿技术，吸引了无数科技行业人士和普通游客前来参观。

（3）大疆创新总部

大疆，全称为深圳市大疆创新科技有限公司，是全球无人机行业的领导者，其深圳总部设有无人机体验中心，游客可以亲手操作各类无人机，了解无人机在航拍、农业、测绘等领域的应用。

（4）深圳国际会展中心

深圳国际会展中心（见图3-10），是深圳市政府投资建设的重大项目，也是集展览、会议、活动（赛事、演艺等）、餐饮、商业等于一体的超大型会展综合体。这里每年举办大量科技类展览，吸引了来自世界各地的科技企业和专业观众。

图3-10　深圳国际会展中心

4. 商务会展旅游：粤港澳大湾区的国际商务枢纽

作为中国四大一线城市之一，深圳的商务会展产业十分发达，吸引了大量国际商务游客。

中国国际高新技术成果交易会（简称高交会），是中国科技创新领域最重要的展会之一，每年吸引了全球领先的科技企业参展，为深圳的商务旅游贡献了巨大的流量。

深圳是全球电子产品制造中心，深圳国际电子展览会吸引了大量企业和采购商，为深圳的会展经济提供了重要支撑。

（三）珠海：生态旅游与跨境合作的核心区

珠海位于粤港澳大湾区的西南部，是中国最具生态宜居特色的滨海城市之一。凭借丰富的海洋旅游资源、优越的生态环境以及与澳门的紧密联系，珠海已成为粤港澳大湾区旅游产业的重要增长极。近年来，随着横琴粤澳深度合作区的建设、港珠澳大桥的通车，以及跨境旅游合作的深化，珠海的旅游产业呈现出快速发展的趋势。珠海以海岛度假、主题公园、跨境旅游合作等多元化旅游资源吸引着国内外游客，正在朝着国际旅游城市的目标迈进。

1. 海岛旅游："百岛之城"，度假天堂

珠海被誉为"百岛之城"，拥有146个岛屿，是中国岛屿最多的城市之一。由于地理位置优越，珠海的海岛资源兼具生态原始性和人文独特性，是华南地区最受欢迎的海岛旅游目的地之一。近年来，珠海市政府大力发展海岛旅游，推出"蓝色珠海"旅游战略，重点打造东澳岛、外伶仃岛、荷包岛等精品海岛度假项目，并引入游艇观光、海上运动等高端旅游产品，使海岛旅游成为珠海旅游产业的重要支撑点。

（1）东澳岛

东澳岛位于珠海东南海域，以清澈的海水、洁白的沙滩和丰富的海洋生态闻名，被誉为"南海明珠"。东澳岛历史悠久，岛上留存了丰富的历史古迹。其中，"万海平波"摩崖石刻（见图3-11），是研究华南地区有关历史的重要

文物。东澳岛拥有原生态的自然景观，如大竹湾、小竹湾等海滩，适合开展潜水、帆船等海上运动。近年来，珠海市政府重点推进东澳岛旅游品质升级，通过引进国际知名酒店品牌和打造生态度假项目，显著提升了东澳岛的旅游接待能力和市场定位。其中，东澳岛万豪度假酒店等高端项目的落地运营，不仅完善了岛上的住宿服务体系，而且使东澳岛跻身粤港澳大湾区高端海岛度假目的地行列。

图3-11 "万海平波"摩崖石刻

（2）外伶仃岛

外伶仃岛是珠海最具传奇色彩的海岛之一。该岛拥有壮观的海蚀地貌、天然优质的潜水环境，以及丰富的海鲜资源，是集海岛探险、海钓、潜水、环岛徒步于一体的多功能度假胜地。近年来，珠海市政府大力发展外伶仃岛的基础设施，推出海上观光、露营、帆船等多种旅游项目，吸引了大量生态旅游爱好者。

（3）荷包岛

荷包岛位于珠海西南端，岛内有大南湾、藏宝湾（宝石滩）等多个海湾，比较知名的是大南湾沙滩，沙质柔软均匀，有"十里银滩"之称，是珠海少有的原生态滨海度假区。该岛远离城市喧嚣，海水清澈，适合开展滨海露营、沙滩摩托、日光浴等休闲活动。近年来，珠海市政府加大了荷包岛的旅游开发力度，鼓励生态旅游和可持续发展模式，使荷包岛既满足了都市人群对海岛旅游的需求，又完整保存了海岛生态系统的完整性。

2. 主题公园：全球海洋度假胜地

珠海长隆国际海洋度假区是珠海最具吸引力的现代旅游项目之一，也是中国最大的海洋主题公园之一。该度假区集海洋动物展示、主题公园游乐、马戏表演、豪华度假酒店于一体，成为亲子游、家庭游的首选目的地。

其中，长隆海洋王国（见图3-12）是世界领先的海洋主题公园，拥有全球最大的海洋馆、最先进的海洋动物表演剧场，以及多个惊险刺激的游乐设施，如极地过山车、5D影院等。此外，园内的白鲸馆、企鹅馆等海洋动物展馆深受游客喜爱，使游客能够近距离接触海洋生物，增强环保意识。

图3-12　长隆海洋王国

长隆国际大马戏是度假区的另一大亮点，这里汇聚了来自世界各地的顶级马戏表演团队，提供震撼人心的杂技表演，已成为珠海乃至华南地区最具国际影响力的文旅演艺项目之一。

3. 跨境旅游合作：粤澳区域经济一体化的示范区

（1）横琴粤澳深度合作区

横琴位于珠海与澳门之间，是粤港澳大湾区旅游产业一体化的重要载体。

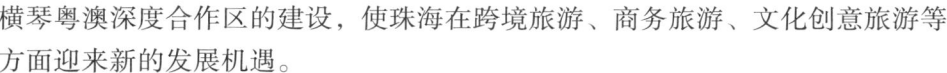

横琴粤澳深度合作区的建设，使珠海在跨境旅游、商务旅游、文化创意旅游等方面迎来新的发展机遇。

横琴粤澳深度合作区致力于打造国际旅游休闲品牌，重点发展高端度假酒店、会展经济、休闲娱乐项目，吸引国际游客。同时，澳门丰富的历史文化遗产与横琴的休闲度假产业形成互补效应，推动粤澳旅游产业的深度融合。

（2）港珠澳大桥的旅游效应

港珠澳大桥的开通，让珠海成为内地唯一一个与港澳都有陆路相连的城市，大幅缩短了珠江口两岸的通行时间，促进了游客的流动。如今，珠海已成为港澳游客前往广东其他城市的主要通道之一，珠海在旅游市场的竞争力也得到了大幅提升。

（3）跨境自由行与购物旅游

珠海是全国重要的口岸城市，设有拱北、横琴等陆运口岸，以及九洲港、珠海港、斗门港、万山港等水运口岸，游客可以通过口岸进入澳门。近年来，珠海加快了与澳门的旅游联动，在横琴粤澳深度合作区建立了多个免税购物中心，吸引大量游客前来购物消费。此外，珠海市政府还鼓励发展高端度假酒店、精品商业街区，为跨境游客提供更优质的旅游体验。

（四）澳门特别行政区：世界旅游休闲中心的典范

在粤港澳大湾区的城市群中，澳门以其独特的历史背景和旅游产业布局，成为全球知名的国际旅游目的地。作为特别行政区，澳门可以依托深厚的中西文化交融历史，打造世界级的文化遗产旅游、购物休闲和国际会展等多元化旅游产品。澳门历史城区保留着葡萄牙和中国风格的古老街道、住宅、宗教和公共建筑，见证了东西方美学、文化以及建筑风格的交融。作为联合国教科文组织《世界遗产名录》遗产地，这片城区以其独特的历史建筑和文化遗存闻名。

近年来，随着粤港澳大湾区一体化的深入推进，澳门积极推动旅游产业的多元发展，加强与珠海的旅游合作，同时拓展国际市场，进一步提升全球竞争力和吸引力。

1. 历史文化资源：中西交融的文化遗产

澳门拥有400多年的中西文化交融历史，其独特的历史风貌和建筑风格使其在国际旅游市场上独树一帜。2005年，联合国教科文组织第29届世界遗产委员会会议将澳门历史城区作为世界文化遗产列入《世界遗产名录》。这个体现中西方文化交融的历史建筑群及相关街区成为中国的第31处世界遗产。这些遗迹不仅展示了澳门作为东西方文化交流中心的重要地位，而且吸引了大量文化旅游爱好者和学术研究人员探访。

（1）大三巴牌坊

作为澳门最具标志性的历史遗址，大三巴牌坊（见图3-13）是16世纪葡萄牙人在澳门修建的天主教教堂的遗址。尽管教堂主体在火灾中被毁，但其华丽的巴洛克式石雕立面仍然矗立，成为澳门最具代表性的地标之一。每年，数百万游客慕名前来参观，感受其庄严的氛围和精美的雕刻艺术。

图3-13　大三巴牌坊

（2）妈阁庙

建于明代的妈阁庙（见图3-14）是澳门最古老的庙宇之一，又名妈祖阁，俗称天后宫，供奉海上女神妈祖。妈阁庙是澳门历史城区的重要组成部分，它见证了澳门自古以来作为海上贸易港口的繁荣历史，也体现了澳门多元文化的融合。

图3-14 妈阁庙

（3）议事亭前地

议事亭前地（见图3-15），俗称"喷水池"，是澳门四大广场之一，周围分布着多个历史建筑。这一地区以葡式鹅卵石铺设的广场、欧式建筑和中国元素交融的街区风貌闻名，成为游客体验澳门历史文化氛围的重要场所。在城市规划上，这个西式广场空间与传统市集紧密相连，体现了澳门中西文化交融的城市特点。

图3-15 议事亭前地

（4）玫瑰堂

玫瑰堂是澳门保存最完好的巴洛克风格教堂之一，教堂内部装饰典雅，陈列着大量珍贵的文物，是澳门宗教文化遗产的重要组成部分。

澳门历史城区是澳门旅游的核心资源，成为国际游客了解澳门历史和文化的窗口。近年来，澳门加大了对历史文化遗产的保护力度，并通过"文化＋旅游"模式，打造夜间灯光秀、文化节等创新活动，提升游客体验。

2. 高端休闲旅游：世界级综合度假胜地

澳门拥有众多国际知名的综合度假项目，集豪华住宿、精致餐饮、高端购物和精彩娱乐于一体。

（1）澳门威尼斯人度假村

作为全球最大的综合度假村之一，澳门威尼斯人度假村集五星级酒店、豪华购物中心、国际美食和大型演艺场馆于一体，吸引了来自全球的高端游客。其标志性的"威尼斯人运河"再现了意大利威尼斯的浪漫风情，是备受游客喜爱的目的地。

（2）永利皇宫

集奢华和优雅于一身的永利皇宫于2016年开业，内部有星级餐厅、豪华购物中心以及人工湖水舞秀，是澳门最受欢迎的高端娱乐度假村之一。

（3）银河度假村

银河度假村是澳门的综合性度假村，提供世界级的娱乐、餐饮、购物和水上乐园体验，满足不同层次游客的需求。

近年来，澳门倡导多元化发展，在娱乐、会展、购物、餐饮等方面投入更多资源，以吸引更广泛的游客群体，推动旅游产业转型升级。

3. 节庆活动：国际化旅游盛会

澳门作为国际旅游目的地，其核心竞争力来自独特的中西文化底蕴和世

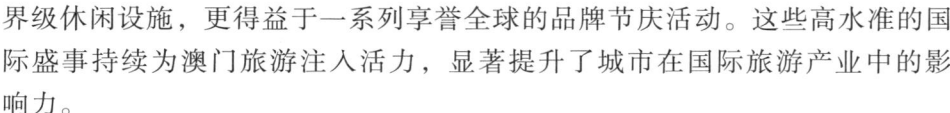

界级休闲设施，更得益于一系列享誉全球的品牌节庆活动。这些高水准的国际盛事持续为澳门旅游注入活力，显著提升了城市在国际旅游产业中的影响力。

（1）澳门国际烟花比赛汇演

澳门国际烟花比赛汇演于每年9月至10月举行。世界各国的烟花团队在澳门夜空中展现绚丽的烟花秀，成为吸引游客的重要活动之一。

（2）澳门格兰披治大赛车

澳门格兰披治大赛车是一项国际性的汽车赛事，也是全球最负盛名的城市街道赛车项目之一，每年吸引了世界顶级车手参赛，同时也带动了高端体育旅游产业的发展。

（3）澳门国际音乐节

该音乐节汇聚了世界级的音乐家，是亚洲最具影响力的古典音乐盛事之一，为游客和市民提供高水准的音乐艺术体验。

（4）澳门美食节

澳门美食节是澳门一年一度的美食嘉年华，第一届澳门美食节于2001年底举办，后来规模不断扩大。从2003年起，澳门美食节与澳门格兰披治大赛车同步开幕，让游客在欣赏大赛车之余，也能品尝来自世界各地的美食。

4．旅游产业布局：从历史城区到现代度假区

大三巴牌坊及周边地区、渔人码头（见图3-16）、路凼城/官也街是众多游客赴澳门旅游的热门目的地。其中，大三巴牌坊及周边地区最受游客关注；路凼城/官也街一带坐落着众多大型购物商场，拥有众多大型综合度假村。这种产业布局实现了历史文化旅游与现代娱乐旅游的有效结合，满足了不同游客的需求。

图3-16　渔人码头

（五）香港特别行政区：国际化都市旅游的核心枢纽

香港特别行政区作为全球最繁华的国际化都市之一，是粤港澳大湾区中最具全球影响力的旅游目的地。凭借其独特的地理位置、国际金融中心地位、丰富的文化遗产、多元化的购物体验以及发达的交通网络，香港吸引着来自世界各地的游客。香港的旅游产业涵盖都市观光、购物、美食、主题公园、自然生态、文化遗产以及商务会展等多个领域，是粤港澳大湾区内国际化程度最高、旅游产业最成熟的地区之一。

1. 国际都市观光：天际线与现代都市魅力

香港被誉为"东方之珠"，拥有全球著名的天际线。维多利亚港（见图3-17）是香港的标志性景点，游客可以通过天星小轮游览港口，也可以登上太平山顶俯瞰壮观的都市景色。特别是在夜晚，维多利亚港两岸的摩天大楼灯光璀璨，与全球最著名的灯光秀之一——"幻彩咏香江"相结合，能为游客提供极具震撼力的视觉体验。

近年来，香港特别行政区政府也在推动智慧旅游的发展，如推出"夜缤纷"夜间旅游活动，鼓励游客在夜间探索城市的独特魅力。这些都市观光资源不仅吸引了普通游客，而且成为国际商务会议和文化交流的理想场所。

图3-17　维多利亚港

2. 购物天堂：全球游客青睐的消费之都

香港长期以来被誉为购物天堂，是全球奢侈品、电子产品、时尚品牌和本土特色产品的集中地。全港有多个世界级购物中心，如海港城、时代广场等，提供最前沿的时尚和高端消费体验。此外，香港还有众多本地特色购物区，如铜锣湾（以时尚潮流品牌和高端百货公司闻名）、旺角与深水埗（电子产品、潮流文化和本地特色市场的集中地）、庙街夜市与女人街（传统市场，提供本地手工艺品、纪念品及街头美食）等。

自由贸易政策和低税率使香港成为全球消费者青睐的购物目的地，同时也推动了本地旅游产业的发展。

3. 美食旅游："亚洲美食之都"的独特魅力

香港被誉为"亚洲美食之都"，以其丰富多元的饮食文化闻名。这里不仅汇聚了传统粤菜、地道的港式茶餐厅和众多高端星级餐厅，而且融合了来自世界各地的特色美食，形成了独特而诱人的美食氛围。香港的美食旅游资源主要体现在以下几个方面。

（1）传统粤菜

粤菜作为香港饮食文化的根基，以鲜、嫩、滑、爽著称。香港的粤菜既保留了广东传统菜肴的精髓，又融入了本地特色。经典菜式，如烧鹅、叉烧、清蒸海鲜、老火靓汤和煲仔饭等，深受游客喜爱。此外，香港的点心文化更是享誉全球，从虾饺、烧卖到流沙包、叉烧酥，每一款都精致可口。老字号茶楼，如陆羽茶室（见图3-18）等，至今仍保持着传统点心的手工制作工艺，让游客体验到最地道的港式饮茶文化。

图3-18　陆羽茶室

（2）港式茶餐厅

港式茶餐厅是香港饮食文化的缩影，提供快速、实惠且极具本地特色的美食。从丝袜奶茶、菠萝油到干炒牛河、西多士，这些经典餐点展现了香港中西合璧的饮食风格。此外，港式茶餐厅还提供很多小吃，如鱼蛋、煎酿三宝等。

（3）高端星级餐厅

香港是全球高端餐厅最密集的城市之一，拥有众多星级食府，涵盖粤菜、法餐、日本料理等多种菜系。高端粤菜餐厅，如龙景轩、添好运等，提供顶级烹饪技艺与创新料理。很多国际知名厨师在香港开设了餐厅，为美食爱好者提供难忘的餐饮体验。

此外，香港每年都会举办美食嘉年华等活动，进一步促进美食与旅游的融合，为游客提供更丰富的餐饮体验。

4. 主题公园与家庭旅游：全球知名的游乐园

香港拥有多个世界级主题公园。这些主题公园能为游客提供精彩刺激的游乐体验，更融合了教育、生态保护等多元理念，成为香港旅游的重要名片。

（1）香港迪士尼乐园：童话王国的奇幻体验

作为亚洲第二座迪士尼乐园，香港迪士尼乐园自开业以来就备受游客青睐。乐园近年来持续扩建，2023年全新开放的"冰雪奇缘世界"（见图3-19）成为最大亮点，游客可以亲临童话里的奇幻王国，体验冰雪城堡、雪岭滑雪橇等沉浸式游乐项目。

图3-19　香港迪士尼乐园"冰雪奇缘世界"

（2）香港海洋公园：寓教于乐的海洋奇遇

香港海洋公园（见图3-20）是一座集海陆动物、机动游戏、大型表演及节庆活动于一体的教育主题公园。作为香港本土培育的世界级主题公园，香港海洋公园凭借其独特的山海景观和丰富的海洋元素享誉全球。

此外，香港特别行政区政府近年来也在推动生态旅游和智能化景区建设，例如在大屿山发展绿色生态旅游，并在迪士尼乐园周边建设种类丰富的休闲度假设施，以提升香港旅游产业的综合竞争力。

图3-20　香港海洋公园

5. 文化遗产旅游：中西文化交融的历史印记

作为一座国际化大都市，香港不仅以现代摩天大楼和繁华商业闻名，而且因其独特的历史文化积淀而独具魅力。这座城市的特别之处在于它完美融合了中华传统文化与西方文化，形成了独一无二的文化景观，使其成为研究东亚近代史、殖民文化和跨文化交流的绝佳样本。

香港的历史建筑生动地记录了这座城市的发展轨迹，其中最具代表性的包括以下景点。一是大馆（见图3-21），位于中环荷李活道，是一个集古迹及艺术馆于一身的建筑群。经过改造，大馆如今已成为集古迹、艺术展览、餐饮于一体的文化地标。二是蓝屋建筑群，是香港少数保存完好的民居建筑，因其蓝色外墙而得名。三是文武庙（见图3-22），是香港最具历史价值的庙宇之一。其精美的灰塑、木雕和铜钟都是珍贵的文化遗产。

香港历史博物馆展示出土文物、历史图片等，还会定时举办文化活动，展出一些有关香港历史的珍贵文物，通过一系列教育及推广活动激发人们对香港历史和文化遗产的兴趣。

图3-21 大馆

图3-22 文武庙

6. 商务与会展旅游：国际会议与金融中心

作为全球最重要的金融中心之一，香港凭借其优越的地理位置、完善的基础设施和国际化的营商环境，已成为全球商务会展旅游的重要目的地。香港拥有世界级的会展场馆和高端酒店群，以其自由开放的经济体系和成熟的商业服务，吸引着全球商务人士和专业参展商。

（1）世界一流的会展设施

香港会议展览中心（见图3-23）是维多利亚港畔的标志性建筑。其总展览面积超过66000平方米，拥有亚洲首个可容纳5000人的无柱式会议厅，连续多年获得"亚洲最佳会议展览中心"称号。

图3-23 香港会议展览中心

亚洲国际博览馆（见图3-24）于2005年启用，拥有便捷的交通设施，以及先进的物流和仓储设施，是世界级的展览及活动场地，提供超过70000平方米的可用面积，适合举办展览、会议、体育赛事等。

（2）享誉全球的旗舰会展活动

亚洲金融论坛每年1月举行，吸引了无数商业领袖就全球经济、金融发展态势发表真知灼见。

香港国际影视展是亚洲大型的影视娱乐内容交易平台，也是全球知名的影视界盛事，展示大量最新电影、电视剧作品，旨在推广跨媒体、跨行业的商贸合作。

香港书展是亚洲最具影响力的出版业盛会之一，每年7月举行，为出版业提供推广新书的平台，为读者提供接触新书、与作者面对面交流的机会。

图3-24　亚洲国际博览馆

7. 自然与生态旅游：都市中的绿色空间

作为闻名全球的国际大都会，香港的摩天大楼与霓虹灯常令人忽略其惊人的自然财富。事实上，这座城市四分之三的土地是郊野，拥有众多适合发展生态旅游的景点。

太平山郊野公园被誉为香港的自然绿肺，能为游客提供远足和观景体验。

大屿山与南丫岛远离都市喧嚣，适合开展徒步、海滩休闲和乡村体验活动。

麦理浩径与凤凰径堪称香港的徒步天堂，适合户外探险爱好者。

近年来，香港特别行政区政府积极推广可持续旅游理念，鼓励游客探索本地的绿色生态资源，并通过智能化导览系统提升游客的游览体验。

（六）佛山：融合岭南文化与现代产业的文化旅游中心

佛山位于粤港澳大湾区的核心地带，是广东的重要制造业基地，同时也是岭南文化的发源地之一。作为一座历史悠久的城市,佛山的旅游资源涵盖岭南文化、武术文化、陶瓷艺术、生态休闲等内容。近年来,依托深厚的文化底蕴和现代产业优势,佛山正积极推进文旅融合发展,着力打造具有国际影响力的文化旅游目的地。

1. 岭南文化旅游:传统与现代交融的魅力

佛山是岭南文化的重要发源地之一,其文化遗产丰富,涵盖建筑、民俗、艺术等多个领域。

(1)佛山祖庙

佛山祖庙(见图3-25)建于北宋年间,经历了多次重修,已成为一座体系完整、结构严谨、具有浓厚地方特色的庙宇建筑。

图3-25　佛山祖庙

(2)梁园

梁园(见图3-26)是佛山梁氏私家宅园的总称,是岭南园林的代表作,与余荫山房、清晖园、可园并称"岭南四大园林"。梁园展示了岭南园林建筑的精髓,融合了江南水乡和岭南庭院风格,是游客体验岭南文化的绝佳去处。

图3-26　梁园

（3）南风古灶

南风古灶（见图3-27）已有500多年历史，是中国现存最古老且仍在使用的龙窑之一。游客可以在此体验陶瓷制作过程，深入了解佛山陶瓷文化。

图3-27　南风古灶

2. 武术文化旅游：黄飞鸿与叶问的故乡

佛山是中国南派武术的发源地，被誉为"武术之乡"，是黄飞鸿、叶问等武术大师的故乡。武术文化已经成为佛山的重要旅游资源，并通过影视、演艺、展览等方式不断得到推广。

（1）佛山黄飞鸿纪念馆

佛山黄飞鸿纪念馆（见图3-28）坐落于佛山祖庙附近，是一座两层仿清代青砖建筑，内设陈列馆、影视厅、演武厅、演武天井等。馆内展示了黄飞鸿的生平事迹及南派武术的发展历史。游客可以观看南狮表演、武术展示。

图3-28　佛山黄飞鸿纪念馆

（2）叶问堂

作为近代著名武术大师叶问的故居，叶问堂（见图3-29）展示了咏春拳的起源与发展过程，对中国武术文化的推广具有重要意义。

（3）南狮表演与武术赛事

佛山定期举办国际武术交流大会、咏春拳比赛、南狮表演等活动，吸引了世界各地的武术爱好者前来体验与学习。

图3-29　叶问堂

佛山的武术文化不仅吸引了国内游客，而且在国际上享有盛誉。近年来，佛山大力推动"武术＋旅游"产业融合，推动武术文化的创造性转化，打造国际武术旅游目的地。

3. 陶瓷与工艺美术旅游：千年窑火的传承

佛山是中国陶瓷文化的重要发源地之一，石湾镇是我国陶文化发展演变、延续传承的重要区域之一，被誉为"南国陶都"，拥有千年陶艺历史。佛山的陶瓷产业不仅是制造业的重要组成部分，而且是文化旅游的核心内容。

石湾陶艺街聚集了众多陶艺工作坊、艺术馆和体验店，游客可以观看陶瓷制作过程，亲手体验拉坯、上釉等陶瓷工艺。

广东省佛山市新石湾美术陶瓷厂有限公司是一个以生产为主，集收藏、展示、教育、科研于一体的，华南地区最大的综合性陶艺基地，是首批国家级非物质文化遗产生产性保护示范基地和传承单位，也是全国工业旅游示范点。这里展示了佛山陶瓷雕塑的精湛技艺，陶瓷作品深受国内外收藏家喜爱。

南风古灶拥有悠久的制陶历史，这里保留了古老的制陶技艺，还发展了现代陶艺创作工艺，吸引了无数游客共同参与文化交流。

近年来，佛山通过发展文化创意产业，推动陶瓷与艺术、时尚、家居设计等行业的融合，使传统工艺焕发出新的活力。

4. 美食旅游：粤菜文化的发源地之一

佛山是粤菜的重要发源地之一，以其精致的烹饪技艺和丰富的美食文化吸引了无数游客。2014年，联合国教科文组织授予佛山顺德"世界美食之都"称号，这是继2010年四川成都成为"世界美食之都"后，第二个获此殊荣的中国城市。顺德招牌美食包括顺德鱼生、双皮奶、伦教糕等。其中，顺德鱼生制作技艺被列入非物质文化遗产名录，讲究薄如蝉翼、晶莹剔透的刀工技艺，搭配十余种配料，形成独特的风味组合；双皮奶制作工艺精湛，口感细腻柔滑；伦教糕采用传统发酵工艺，具有独特的绵密口感。纪录片《寻味顺德》（见图3-30）以美食为切入点，介绍了顺德人在美食之上和美食之外的功夫，体现了顺德独特的人文气质和精神基因。

图3-30　纪录片《寻味顺德》海报

在佛山，很多老字号餐厅，如"得心斋"等，提供正宗粤式茶点和经典佛山菜品。得心斋的菜品"柱侯鸡"创制于清光绪年间，选用秘制柱侯酱烹制，鸡肉鲜嫩多汁。很多美食街区，如佛山岭南天地等，将美食与传统建筑相结合，为游客提供沉浸式美食体验。

近年来，佛山举办了中国厨师节暨顺德岭南美食文化节等活动，进一步提升了佛山作为美食旅游目的地的影响力。

5. 生态休闲旅游：山水相依的岭南绿洲

尽管佛山以城市化建设闻名，但其生态旅游资源同样丰富，为游客提供了自然与文化结合的休闲度假体验。

西樵山（见图3-31）素有"南粤胜地"之称，是集佛教文化、历史遗迹、生态旅游于一体的度假胜地。整个西樵山景区有72座奇峰、28处飞瀑，有白云洞、九龙岩、石燕岩、碧玉洞等景点，当地有"不上西樵山，不算到岭南"的说法。高明盈香生态园位于凌云山下，将百亩花海与机动游戏有机结合，提供农家乐、户外拓展、花卉观赏等休闲体验。三水森林公园是游客进行徒步、露营、观鸟等户外活动的理想场所。

图3-31　西樵山

佛山将生态旅游资源与岭南文化紧密结合，使游客在欣赏自然风光的同时，也能感受到佛山独特的文化氛围。

6. 商务与会展旅游：制造业基地的产业升级

作为中国重要的制造业基地，佛山积极推动产业升级，发展商务旅游和会展经济。

作为粤港澳大湾区的重点会展场地，潭洲国际会展中心承办了诸多行业展览，如中国国际家电制造业供应链展览会、中国南方制冷展览会等。佛山拥有众多知名企业，如美的、格兰仕、科龙等，这些企业通过打造工业旅游线路，带领游客参观现代化生产基地，了解中国制造的实力。

（七）惠州：山海相连的生态旅游与历史文化名城

惠州位于粤港澳大湾区的东北部，是广东省的重要城市之一，以"半城山色半城湖"著称。惠州凭借优越的自然环境、深厚的历史文化底蕴和丰富的温泉资源，成为粤港澳大湾区中生态旅游与休闲度假的理想目的地。近年来，惠州积极推进旅游产业的高质量发展，围绕生态、历史文化、滨海度假、温泉养生等特色资源，构建多元化旅游产业体系，进一步提升其在大湾区旅游市场的竞争力。

1. 自然生态旅游：湖泊、山岳与滨海度假胜地

惠州自然环境优美，拥有湖泊、山岳、海湾等多种自然景观，为游客提供丰富的生态旅游资源。

（1）西湖风景名胜区

惠州西湖风景名胜区始建于北宋，被誉为"岭南第一湖"，苏东坡在惠州留下了"一更山吐月，玉塔卧微澜"的千古绝唱。惠州西湖风景名胜区景色秀美，有"五湖六桥十八景"的经典布局，湖中点缀着众多岛屿和古建筑，如苏东坡祠、泗洲塔（见图3-32）等，使得西湖兼具自然风光与人文底蕴，堪称岭南园林艺术的集大成者。

图3-32 泗洲塔

（2）罗浮山

罗浮山是中国道教十大名山之一。主峰海拔超过 1200 米，常年云雾缭绕，山上拥有奇峰怪石、古道观庙宇和丰富的动植物资源，适合登山、徒步。近年来，惠州市政府积极推动罗浮山生态旅游与文化旅游融合发展，使其成为集自然观光、文化研学、健康养生于一体的综合性旅游目的地。

（3）双月湾

双月湾位于惠东县，是广东最美的海滨之一，以其独特的"双湾"地形闻名，因形似两轮弯月而得名。双月湾海水清澈，沙滩细腻，适合休闲度假和亲子旅行。近年来，随着滨海旅游产业的发展，双月湾周边建起了多个高端度假酒店、海景公寓和其他旅游配套设施，吸引了大量游客。

2. 温泉旅游：粤东地区的养生度假胜地

惠州是广东温泉资源最丰富的城市之一，温泉旅游已成为惠州旅游的重要组成部分。惠州的温泉水质优良，吸引了大量游客。

（1）龙门温泉

惠州龙门被誉为"温泉之乡"，拥有丰富的天然温泉资源。龙门铁泉、南昆山温泉大观园等温泉度假区集温泉疗养、森林康养、温泉别墅等多种服务于一体，为游客提供舒适的养生度假体验。近年来，惠州市政府不断完善温泉旅游配套设施，打造"温泉＋森林康养"的旅游新模式。

（2）稔平半岛温泉

稔平半岛温泉依托滨海温泉资源，开发了"温泉＋滨海度假"的独特旅游产品，吸引了大量城市游客前来放松身心。

3. 历史文化旅游：东坡文化与客家民俗交融

惠州不仅拥有丰富的自然景观，而且承载着厚重的历史文化，尤其是与苏东坡相关的历史遗迹，使惠州在中国历史文化版图中占据独特的地位。

（1）东坡文化

北宋文豪苏东坡曾被贬惠州，并在此度过了三年时间，为惠州留下了大量文化遗产。苏东坡在惠州写下了《荔枝叹》《惠州一绝》等名篇，推广了秧马等农具，创制了"东坡扣肉"等特色菜肴。如今，惠州有众多与苏东坡相关的旅游景点，如东坡祠、合江楼、东坡井等，成为研究东坡文化和体验历史氛围的重要场所。惠州市政府也积极举办东坡文化节、苏东坡书法展览等文化活动，以推广东坡文化旅游产品。

（2）客家文化与古村落

惠州的客家文化同样丰富，龙门县、博罗县等地分布着众多传统客家围屋和古村落，如罗浮山下的黄龙古村、博罗横河镇的长宁古村等。这些村落保留了传统客家建筑、民俗风情和农业生态，为开展乡村旅游和开发文化研学产品提供了宝贵的契机。

今天的惠州，正以东坡文化为魂，以客家文化为根，让沉睡的文物说话，让尘封的历史复活。在这座国家历史文化名城里，每一块青砖都镌刻着故事，每一条古巷都流淌着文脉，等待着每一位游客来细细品读。

4. 现代都市旅游与商业繁华区

惠州的城市建设日新月异，现代都市旅游和商业休闲体验也成为吸引游客的重要元素。

惠州的江北中央商务区是惠州城市发展的核心引擎，集中展现了城市的国际化风貌。这里汇聚了高端商业中心、五星级酒店、文化场馆等。游客可以在此享受便捷的都市生活。滨江公园沿东江而建，是市民和游客休闲散步、骑行的理想场所。这里有绿树成荫的步道，还有音乐喷泉、特色雕塑等景观，实现了城市与自然的完美融合。

5. 体育与户外探险旅游

近年来，惠州积极发展体育旅游和户外探险项目，为游客提供更加多元化的旅游体验。

（1）海上运动

惠东的双月湾、巽寮湾等地因其优质的海岸线和稳定的海浪，成为广东省内最受欢迎的冲浪目的地之一。此外，帆船、皮划艇、潜水等海上运动项目也在当地迅速发展，吸引了众多水上运动爱好者。

（2）徒步与露营

南昆山、罗浮山、象头山等自然保护区为户外探险爱好者提供了丰富的徒步和露营线路。其中，南昆山国家森林公园拥有"南粤大氧吧"的美誉，是短途旅行的热门选择。

（八）东莞：制造业之都与现代都市休闲旅游胜地

东莞位于粤港澳大湾区的核心区域，地处广州与深圳之间，是中国重要的制造业基地，被誉为"世界工厂"。除了强大的工业基础，东莞也拥有丰富的旅游资源，包括岭南文化、生态景区、历史遗迹、体育休闲、会展商务以及特色美食等。近年来，东莞市政府积极推动"工业＋旅游""科技＋文化＋旅游"等融合发展模式，进一步丰富旅游业态，使其成为粤港澳大湾区内极具发展潜力的旅游目的地之一。

1. 岭南文化与历史遗迹旅游

东莞是岭南文化的重要发源地之一，拥有众多历史遗迹、古村落和宗祠建筑，这些文化资源展示了东莞深厚的历史底蕴，为游客提供了丰富的文化体验。

（1）可园

可园是岭南四大园林之一，始建于清代，至今已有约200年的历史。园内建筑精巧，布局典雅，亭台楼阁、小桥流水相得益彰，采用"连房广厦"式的结构，营造出了"咫尺山林"意境，展现了岭南园林的独特风格。可园是岭南建筑艺术的代表，曾是近代文化名人聚集的场所，承载着丰富的历史文化价值。

（2）虎门镇与鸦片战争遗址群

东莞虎门镇是中国近代史的重要见证地。1839年，林则徐下令在虎门海滩当众销毁超过200万斤鸦片，造就了中国近代史上一段荡气回肠的民族史诗，伸张了中华民族的浩然正气，奏响了中国人民反抗外来侵略的正气之歌，也揭开了中国近代反侵略斗争的序幕。如今，鸦片战争博物馆、虎门炮台等遗址成为全国爱国主义教育基地。其中，鸦片战争博物馆呈现的"虎门销烟"陈列（见图3-33），每年都能吸引大量游客前来参观。这些遗址不仅展现了东莞的历史文化底蕴，而且增强了游客的民族自豪感。

图3-33　鸦片战争博物馆里的"虎门销烟"陈列

（3）黄旗山

黄旗山是东莞的地标性景点，也是市民休闲运动的好去处，承载着东莞的历史文化记忆。山上建有观音寺、黄旗古庙等，每年都能吸引大量游客前来参观。

2. 生态休闲与都市公园旅游

尽管东莞是制造业城市，但其生态环境优越，拥有多个湿地公园、生态园区和湖泊，为游客提供丰富的自然休闲选择。

（1）松山湖

松山湖是东莞著名的生态旅游景区，被誉为"东莞的绿肺"。湖区面积广阔，湖水清澈，周围大片绿地环绕，适合开展骑行、徒步、露营等户外活动。近年来，东莞市政府在松山湖区域发展科技产业，并建设了多个高端酒店、餐饮及文化创意空间，使其成为东莞市民休闲度假和商务旅游的热门去处。

（2）同沙生态公园

同沙生态公园是东莞最大的综合性生态公园，公园内湖泊、湿地、山地相结合，景色秀丽。这里不仅是散步、骑行的好地方，而且是亲近大自然的绝佳场所。

（3）银瓶山森林公园

银瓶山是东莞市最高峰，森林覆盖率高，生态环境优越。近年来，东莞市政府大力推广森林旅游和户外运动，吸引了大量登山爱好者前来挑战。银瓶山也因其空气清新、景色秀丽，被誉为"东莞的后花园"。

3. 工业旅游：制造业与科技创新的结合

作为"世界工厂"，东莞的工业旅游具有独特的优势。近年来，东莞市政府积极推广工业旅游，让游客近距离了解制造业的发展历程和现代科技的创新成果。

（1）溪流背坡村

溪流背坡村是华为在东莞松山湖基地建造的一个风景秀丽的办公区，也是华为最重要的研发基地之一。园区建筑风格融合了欧洲经典城市元素，不仅是华为的高科技研发中心，而且成为科技爱好者和摄影爱好者喜爱的目的地。

（2）东莞展览馆

东莞展览馆是展示东莞制造业发展历程的重要场所，馆内展出了东莞在纺织、电子、智能制造等行业的成就，使游客能更加直观地了解东莞如何从传统制造业向高端智能制造业转型。

（3）现代工业企业参观

东莞的多家知名企业已陆续开放工业参观线路，游客可以深入车间，了解先进制造工艺，感受中国制造业蓬勃发展的生命力。

4. 体育与赛事旅游：篮球之城的魅力

东莞被誉为"全国篮球城市"，至2005年，东莞拥有广东宏远"华南虎"和东莞新世纪"烈豹"两支CBA（中国篮球职业联赛）球队，成为全国唯一拥有两支CBA球队的城市。东莞体育氛围浓厚，每年都会举办多场国际级和国内顶级篮球赛事。此外，东莞市政府也积极推动全民健身，打造了一批高质量的体育场馆和户外运动基地。

东莞篮球中心是国内顶级的篮球比赛场馆。每年在此举办的多场赛事吸引了众多篮球爱好者前来观赛。对于篮球爱好者而言，东莞无疑是一座充满魅力的体育城市。

为推广篮球文化，东莞建设了多个篮球主题公园，提供免费开放的篮球场地，吸引市民积极参与篮球运动。

5. 特色美食旅游：广府与客家风味的融合

东莞美食融合了广府菜、客家菜和潮汕菜的特点，形成了独具地方特色的饮食文化。

东莞烧鹅皮脆肉嫩，风味独特，是东莞最具代表性的传统美食之一。东莞厚街是广东著名的腊味产地。每年，在制作腊味的季节，游客可以观看腊味制作过程，并品尝正宗的腊味美食。虎门的海鲜品种丰富，拥有各类海鲜菜肴，深受游客喜爱。

近年来，东莞市政府推出"美食＋旅游"模式，开发了美食街区，发展了夜市经济，使游客能够品尝到更多地道的本地美食。

（九）中山：孙中山故里与粤港澳大湾区的文旅融合示范区

中山，这座坐落于粤港澳大湾区核心地带的城市，以其独特的地理位置和深厚的文化底蕴，成为大湾区文化旅游版图中的璀璨明珠。作为中国民主革命先行者孙中山先生的故乡，中山享有"伟人故里"的美誉，同时也是一座传统与现代交融、生态与产业并重的活力之城。

中山地处大湾区"黄金内湾"位置，与广州、深圳、珠海等核心城市形成了一小时生活圈，更与香港隔海相望。这一优越的区位优势，为中山发展文化旅游产业提供了得天独厚的条件。在城市发展进程中，中山既保留了岭南水乡的独特韵味，又培育了现代化的产业体系。

1. 文化旅游：孙中山文化遗产与历史记忆

中山因孙中山先生而闻名于世，市内拥有丰富的革命历史遗迹、纪念场馆和文化景点。

（1）孙中山故居

孙中山故居位于中山市翠亨村，是孙中山先生的出生地和成长地。作为全国重点文物保护单位，这座典型的岭南民居保存完好，展示了孙中山的生平事迹和革命历程。游客可以通过展馆内的珍贵文物、历史照片和复原场景，深入了解孙中山先生为中华民族振兴所做出的伟大贡献。

（2）翠亨村

翠亨村是孙中山先生的家乡，也是岭南传统村落的代表。村内古老的祠堂、民居保存完好，还有多个文化展览馆，为游客展示近代中国历史变迁和中山的民俗文化。

（3）中山纪念堂

中山纪念堂是为纪念孙中山先生而建的标志性建筑，建筑风格融合了中国传统元素与西方建筑特点，内部设有展览厅和纪念馆，是游客和学者探寻孙中山思想的重要场所。

（4）辛亥革命纪念公园

该公园位于中山城区，园内设有多个纪念碑和雕塑，全方位呈现了辛亥革命的历史背景和影响。这里每年都会举办各种纪念活动，吸引历史爱好者前来参观。

通过对这些红色文化旅游资源的保护与开发，中山的文化旅游产业产生了深远的影响力，吸引了世界各地的游客前来瞻仰和学习。

2. 生态旅游：岭南水乡与民俗文化

中山保留着浓厚的岭南水乡风情和传统民俗，展现出不同于粤港澳大湾区其他现代都市的另一面。

（1）民众水乡

民众镇是广东最具代表性的岭南水乡之一，拥有蜿蜒的河道、密集的村落以及古朴的水乡建筑。游客可以乘坐水乡游船，欣赏两岸的传统村落风貌，并品尝地道的水乡美食，如民众水乡鱼仔粥、艾糍等。

（2）詹园

詹园是中山最具岭南园林特色的文化景区，被誉为"中山大宅门"。园内布局精致，曲径通幽，融合了岭南建筑美学与中华传统文化的精髓。游客可以在这里感受宁静的园林氛围，体验传统茶道、书法和国画文化。

（3）崖口渔村

崖口渔村是中山沿海的一座历史悠久的渔业村落，至今仍保留着渔民传统的生活方式。游客可以乘船出海，体验渔家生活，品尝新鲜的海产品，如崖口海鲜粥、烤生蚝等。

3. 温泉与生态旅游

中山地理环境优越，拥有丰富的温泉资源、山地生态公园和湿地公园，是粤港澳大湾区内著名的养生休闲度假胜地。

（1）中山温泉

中山温泉是广东最早开发的温泉之一，富含镭、锂、氟、钙、钠、镁等稀有微量元素，被誉为"岭南名汤"。

（2）五桂山

五桂山，古称"香山"，因盛产沉香而得其名。这里山清水秀，森林覆盖率高，空气清新，适合开展徒步、露营、骑行等户外活动。近年来，中山市政府大力发展五桂山的生态旅游产业，打造了多个生态公园和自然保护区，为游客提供高品质的生态旅游体验。

4. 现代都市休闲与商业旅游

作为粤港澳大湾区的重要城市，中山近年来大力发展现代都市休闲旅游产业，建设了多个综合性的商业娱乐区。

兴中广场是中山市区最繁华的商业中心之一，聚集了大型购物中心、高端餐饮、影院、书店等，成为市民和游客的重要休闲场所。近年来，这里也成为夜间旅游的主要聚集地，举办了各种文化活动，提升了城市的活力。

5. 特色美食旅游

中山饮食文化丰富，既有传统的粤菜，也有独特的本地小吃，吸引了无数美食爱好者前来体验。石岐乳鸽是中山最著名的特色美食之一，以皮脆肉嫩、味道鲜美而闻名，被誉为"天下第一鸽"。三乡镇的传统手工米粉口感软滑。黄圃镇的腊肠、腊鸭等腊味制品风味独特。

近年来，中山市政府推出"美食＋旅游"模式，设立美食街区，举办美食节，进一步推广本地特色美食文化。

（十）江门：侨乡文化名城

江门位于粤港澳大湾区西南部，是著名的华侨之乡，有"中国第一侨乡"的美誉。这座城市以其独特的侨乡文化底蕴和丰富的旅游资源，在大湾区文旅格局中占据着重要地位。

作为著名的侨乡，江门形成了融汇中西的独特文化气质。世界文化遗产开平碉楼与村落，生动地展现了华侨文化的建筑艺术结晶；川岛群岛上碧海蓝天的自然风光，为游客提供了优质的滨海度假体验；丰富的温泉资源和红色文化遗址，则形成了多元化的旅游产品体系。

1. 华侨文化旅游：侨乡文化的传承与创新

作为全国著名的侨乡，江门拥有超过400万华侨，他们遍布全球100多个国家和地区，使得江门的城市文化具有独特的中西交融特征。在江门，华侨文化影响深远，在建筑、饮食、语言、生活方式等方面都留下了深刻的印记。

（1）开平碉楼

开平碉楼（见图3-34）是江门最具代表性的华侨文化遗产。碉楼是由旅居海外的华侨回乡后修建的防御性建筑，集居住、防御盗匪与防洪防涝功能于一体，融合了中西建筑风格，展现了华侨对家乡的深厚情感，是华侨文化的典型载体，具有重要的历史、文化和艺术价值。开平碉楼遍布于开平市多个村落。游客可以漫步碉楼，感受浓厚的历史氛围。

图3-34　开平碉楼

（2）梅家大院

梅家大院位于台山市，是广东保存最完好的华侨大院之一，见证了近代华侨文化的变迁。梅家大院融合了中国传统民居和西式建筑风格，院内陈列着大量华侨历史文物，为游客提供了深入了解华侨文化的机会。

（3）五邑华侨华人博物馆

五邑华侨华人博物馆是中国首座全面展示华侨历史的博物馆，馆内展出了大量珍贵的历史资料、实物，记录了江门华侨的移民历史、奋斗历程和为家乡做出的贡献。这里不仅是华侨后代寻根问祖的地方，而且成为研究华侨文化的重要基地。

2. 滨海生态旅游：南海之滨的休闲度假胜地

江门地处珠江口西岸，拥有广阔的海岸线和众多岛屿，滨海旅游资源十分丰富。近年来，江门加大了滨海旅游开发力度，推动海岛度假、滨海温泉和生态旅游的发展。

（1）川岛

川岛由上川岛和下川岛组成，位于台山市海域，是江门最具代表性的海岛度假胜地。这里海水清澈，沙滩洁白，吸引了很多游客。飞沙滩是上川岛最著名的海滩之一，沙质细腻，适合游泳、冲浪。王府洲是下川岛的热门度假区，拥有丰富的海岛度假设施，如豪华酒店等。近年来，江门市政府积极推动川岛旅游的发展，建设跨海大桥，完善岛上基础设施，使得这里的旅游接待能力大幅提升。

（2）小鸟天堂

小鸟天堂，又名"鸟的天堂"，是国家级自然保护区，是江门生态旅游的一大亮点，以百年古榕树闻名。小鸟天堂的主体实际上是一棵长于明末清初的水榕树。1933年，作家巴金有感而发，写了散文名篇《鸟的天堂》。游客可以乘船穿梭于水道间，欣赏水鸟翱翔的壮丽景象。

3. 温泉度假与养生旅游：疗养度假胜地

江门地处华南温泉带，拥有丰富的地热资源，温泉旅游已成为该市旅游产业的重要组成部分。

江门恩平被誉为"中国温泉之乡"，拥有众多优质温泉度假区。其中，锦江温泉以森林温泉为特色，提供露天温泉池、养生汤池等服务；山泉湾温泉集温泉、度假酒店、生态休闲于一体，是粤港澳游客休闲养生的热门目的地。此外，台山康桥温泉是珠三角地区知名的温泉度假胜地，这里有豪华度假酒店、温泉别墅等设施，吸引了大量游客前来疗养度假。

4. 红色文化旅游：红色记忆与人文精神交相辉映的文化名城

江门在中国革命史上留下了重要印记。近年来，江门市政府大力发展红色旅游，打造了一批爱国主义教育基地。

（1）陈白沙纪念馆

陈白沙是明代著名的理学家、书法家，是岭南地区获准进入儒家学派创始人孔子的故乡朝拜的文人，故称"岭南第一人"。他创立了"以道为本、以自然为宗、学贵自得、学贵知疑"的"白沙学说"。陈白沙纪念馆（见图3-35）是一座以保护明代古建筑群为主体的庭院式历史名人纪念馆，展示了陈白沙的学术思想和书法作品，是人们了解岭南文化的重要场所。

图3-35　陈白沙纪念馆

（2）鹤山古劳水乡革命纪念馆

鹤山古劳水乡革命纪念馆记录了抗日战争和解放战争时期江门人民英勇斗争的历史，馆内陈列了大量历史文物和影像资料，为游客提供接受爱国主义教育的机会。

5. 侨乡美食：中西合璧的独特风味

江门的饮食文化深受华侨文化影响，形成了独具特色的侨乡美食。

台山黄鳝饭是台山的传统名菜，将米饭与黄鳝搭配，味道鲜美。新会盛产陈皮，陈皮鸭是当地最具特色的美食之一，鸭肉嫩滑，带有陈皮的清香。濑粉是恩平的传统小吃，粉丝柔滑，汤底浓郁。开平咸鸡是将鸡用粗盐腌制后再蒸制，皮脆肉嫩，是开平的代表菜肴之一。鹤山白水角采用糯米皮包裹萝卜、虾米等馅料，形似饺子，是典型的节庆食品。

（十一）肇庆：岭南历史文化名城与生态旅游胜地

肇庆位于粤港澳大湾区的西北部，是一座历史悠久、文化底蕴深厚的岭南名城，同时拥有得天独厚的自然生态资源。作为国家级历史文化名城，肇庆不仅以星湖、鼎湖山等山水风光著称，而且因端砚文化、南越王文化、宋城古迹等历史文化而闻名。近年来，肇庆积极推动历史文化旅游与生态旅游融合发展，努力打造粤港澳大湾区的重要旅游目的地。

1. 历史文化旅游：岭南文化与南越古都的印记

肇庆作为岭南文化的重要发源地，见证了南越国、宋朝、明朝等多个历史时期的更替，拥有丰富的文化遗产。近年来，肇庆市政府加大了对历史文化资源的保护与开发，使其成为游客探索岭南文化的理想之地。

（1）端州古城墙

端州古城墙是岭南地区现存最完整的古城墙之一，始建于宋代，已有近千年的历史，见证了肇庆作为岭南政治、经济、文化中心的辉煌历史，也是中国古代城市防御体系的典型代表。近年来，肇庆市政府对古城墙进行了修缮和保护，并将周边区域打造为历史文化街区，使游客可以近距离感受古代城池的风貌。

（2）南越国历史文化遗址

肇庆是南越国的重要历史遗址之一。西汉初年，南越王赵佗曾在此设立行政据点。作为南越国西北部的重要城邑，肇庆拥有多处与南越国相关的考古遗址和历史遗迹，如南越国时期的城址、墓葬群等。这些发现生动地展现了岭南地区早期政治格局、文化融合和经济发展的状况。

（3）肇庆宋城

肇庆见证了宋代南迁的历史，至今仍保存着大量宋代建筑遗存，如梅庵（见图3-36）、披云楼（见图3-37）等。其中，梅庵是岭南地区现存最古老的禅宗寺庙之一，建筑风格独特，展现了宋代佛教建筑艺术的精湛技艺。此外，肇庆还拥有大量古民居、书院、牌坊等建筑遗存。这些建筑遗存形成了完整的古城风貌体系，为研究岭南地区宋代以来的建筑演变、文化传承提供了珍贵的实物例证。游客在此可以切身感受岭南古城千年来积淀的历史文化底蕴。

图3-36　梅庵

图3-37 披云楼

2. 生态旅游：山水风光与国家级自然保护区

肇庆以优美的山水风光闻名。作为粤港澳大湾区重要的生态旅游目的地，肇庆拥有星湖、鼎湖山、七星岩等世界级自然景观，每年吸引着数以百万计的海内外游客。

（1）七星岩风景区

七星岩风景区堪称喀斯特地貌的天然博物馆，是肇庆最著名的自然景区，被誉为"人间仙境"。景区内五湖相连、七峰环抱，形成了"山如碧玉簪，水似青罗带"的景致。其中，仙女岩、通天岩等溶洞内的钟乳石千姿百态，令人惊叹。七星岩风景区内还有大量摩崖石刻（见图3-38），为中国少有的庞大摩崖石刻群之一，堪称岭南石刻艺术的瑰宝，展现了岭南书法艺术的精髓。

图3-38 七星岩风景区摩崖石刻

（2）鼎湖山

鼎湖山是国家级自然保护区，1979年加入联合国教科文组织"人与生物圈计划"。这里以热带雨林和丰富的生物多样性闻名，被生物学家称为"物种宝库"和"基因储存库"。游客可以在鼎湖山享受森林徒步、瀑布观赏、禅修体验等多种生态旅游活动。此外，始建于明代的庆云寺掩映在苍翠的群山之中，是岭南地区重要的佛教文化圣地。

（3）羚羊峡古栈道

羚羊峡是珠江流域的重要峡谷之一，见证了岭南水陆交通的发展历程。这条始建于唐代的古驿道沿西江而建，曾是连接两广的重要通道。如今，肇庆市政府在原有古驿道的基础上修建了羚羊峡古栈道，游客可以沿着古栈道步行，欣赏珠江沿岸的壮丽风光，感受古代商旅往来的历史沧桑。羚羊峡古栈道沿途保留的摩崖石刻、古码头遗址等，生动地展现了岭南水运文化的独特魅力。

3. 端砚文化与非物质文化遗产旅游

端砚是中国四大名砚之一，被誉为"砚中之王"。肇庆端州是端砚的发源地，这里的端砚制作技艺已被列入国家级非物质文化遗产名录。端砚以"质刚而柔，扣之金声，贮水不耗"的特质，千百年来备受文人雅士推崇。

（1）端砚文化村

端砚文化村是全国唯一的端砚文化主题景区，拥有国家级非物质文化遗产传承人工作室，完整保留了古法采石、制砚的72道工序。游客在这里可以观摩端砚制作工艺，欣赏名家雕刻作品，甚至动手体验端砚雕刻。端砚是实用的书法用品，更是经典的艺术收藏品，深受书法家、艺术家和收藏家的喜爱。

（2）砚洲岛

砚洲岛位于西江河道中，是肇庆重要的文化旅游区，也是中国首个以端砚文化为主题的江心岛景区。岛上建有端砚博物馆，展示端砚的发展历史、制作

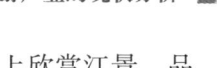

技艺和代表作品。游客可以在这里了解端砚文化，还可以在岛上欣赏江景，品尝当地特色美食，如砚洲河鲜等。

4. 温泉与休闲度假旅游

（1）盘龙峡生态旅游区

盘龙峡生态旅游区拥有得天独厚的山、水、森林等自然生态资源禀赋，拥有"腾龙飞瀑""聆天飞瀑""烟雨飞瀑"三大天然奇观，景区内大大小小的瀑布达100多处。近年来，景区成功开发了温泉疗养、勇士漂流、瀑布观光、峡谷品氧、森林水世界等生态休闲旅游产品。

（2）封开龙山景区

封开龙山景区是广东省级风景名胜区，素有"广东小桂林"的美誉。景区内山清水秀，鸟语花香，以天然氡温泉闻名，是休闲养生的理想之地。

5. 岭南美食旅游：肇庆特色风味

肇庆的美食文化独具岭南特色，结合了传统粤菜、客家菜以及地方特色小吃，形成了独特的饮食文化。

裹蒸粽是广东最具代表性的粽子之一，馅料丰富，糯而不烂，深受游客喜爱。特色小吃炒田螺使用当地新鲜田螺，搭配独特的香料和酱汁，口味鲜美。鼎湖山的素食文化历史悠久，庆云寺素斋采用山泉水、时令山珍烹制，菜品清淡。

二、粤港澳大湾区旅游产业结构及优势分析

粤港澳大湾区涵盖广东省的广州、深圳、珠海、佛山、惠州、东莞、中山、江门、肇庆九个城市以及香港特别行政区和澳门特别行政区，形成了一个高度发达的城市群，经济总量占全国比重较高，是中国最具国际竞争力的区域之一。在这一背景下，旅游产业成为粤港澳大湾区经济的支柱之一，涵盖文化旅游、都市旅游、生态旅游、滨海旅游、主题公园旅游、会展商务旅游、科技

创新旅游等多个领域。各城市在产业布局上既具有自身特色,又形成了良好的互补性,为区域旅游产业一体化发展提供了强劲的动力。

接下来,笔者将围绕粤港澳大湾区旅游产业的结构分析、核心竞争优势,对粤港澳大湾区旅游产业的发展模式进行系统分析。

(一)粤港澳大湾区旅游产业的结构分析

粤港澳大湾区的旅游产业体系丰富且呈现出多元化特征,各城市依托自身的资源禀赋,在旅游产业链中分别扮演不同的角色,共同构建了一个涵盖文化、休闲、商务、娱乐、生态等多重要素的旅游体系。

1. 文化旅游:历史文化与世界遗产

粤港澳大湾区在历史上是中国对外交流的重要窗口,岭南文化、中西文化在此交汇,形成了独具特色的文化旅游资源。各城市围绕自身的历史文化背景,开发了不同类型的文化旅游产品。

(1)广州:岭南文化的发源地

广州作为岭南文化的中心城市,拥有深厚的历史文化底蕴。西关大屋、陈家祠、光孝寺等传统建筑展现了广州独特的岭南风貌,而南越王墓、黄埔军校旧址等历史遗迹则呈现了广州在中国历史上的重要地位。此外,广州作为海上丝绸之路的重要节点,保留了大量与海外贸易相关的历史遗迹,使其在文化旅游方面独具吸引力。

(2)澳门:中西文化交融的世界遗产之城

澳门历史城区于2005年被联合国教科文组织列入《世界遗产名录》。澳门历史城区涵盖大三巴牌坊、妈阁庙、议事亭前地等22处历史建筑和8条历史街道。这里不仅展现了400多年中西文化交融的独特风貌,而且是研究全球殖民文化、宗教文化的重要实证。澳门还充分利用历史遗产资源,打造了"文化+旅游"模式,推出历史城区夜间灯光秀、文化讲座、博物馆巡游等活动,以提升游客的文化体验。

（3）香港：国际都会的历史人文景观

香港的文化旅游资源以殖民历史遗迹、粤港流行文化和中国传统文化交融为特色。太平山顶等景点展示了香港独特的多元文化，而位于中环的PMQ元创方则将历史建筑与现代创意产业结合，成为文化旅游的重要载体。此外，香港电影文化、粤剧文化等传统艺术也在全球华人社会中享有极高的影响力，成为游客感受香港文化氛围的重要方式。

（4）佛山、肇庆、中山：岭南文化与民俗旅游

佛山以岭南建筑、武术文化、陶瓷艺术闻名，佛山黄飞鸿纪念馆、南风古灶等景点吸引了大量游客。肇庆则以端砚文化、岭南古村落为特色，打造了中国传统手工艺文化旅游线路。中山是伟人孙中山的故乡，中山纪念堂已成为海内外华人缅怀伟人、了解中国近代史的重要景点。

2. 现代都市旅游：科技与商业交融的国际都市体验

作为全球经济最发达的城市群之一，粤港澳大湾区的广州、深圳、香港在现代都市旅游方面拥有极强的竞争力。高端商务区、科技展馆、购物中心、夜景经济等构成了现代都市旅游的重要元素。

（1）广州：商业与文化交融的国际化大都市

广州作为华南地区的经济中心，现代都市旅游资源丰富。珠江新城、广州塔等现代化建筑群体现了广州的国际化风貌，而北京路、上下九步行街则承载了广州的商业文化。广州塔作为广州的城市地标，开发出了夜游珠江等特色都市旅游项目，每年吸引上千万游客前来观光。

（2）深圳：全球科技创新之都

深圳的科技旅游资源极具吸引力，腾讯、华为、大疆等科技巨头的展览馆向公众开放，成为科技爱好者的热门旅游目的地。此外，深圳的摩天大楼群、滨海景观、华侨城等城市地标，也为游客提供了丰富的现代都市体验。

（3）香港：世界级的购物天堂

香港拥有亚洲最繁华的商业区之一，铜锣湾、尖沙咀、中环等地云集了全球顶级奢侈品牌。同时，兰桂坊等也成为游客感受都市夜生活的首选目的地。此外，香港的维多利亚港夜景等城市景观，也让游客流连忘返。

3. 生态旅游：山水相依的绿色旅游模式

粤港澳大湾区虽然以城市群为主，但也拥有丰富的自然生态资源。珠三角地区的山地、湖泊、湿地、海洋资源为生态旅游提供了广阔的发展空间。

（1）珠海："百岛之城"的海岛生态旅游

珠海拥有100多个岛屿。其中，东澳岛、外伶仃岛等岛屿保留了较为完整的自然生态环境，吸引了大量游客前来度假、潜水。此外，珠海还打造了横琴国际休闲旅游岛，推进生态旅游与文化、休闲、商业的深度融合。

（2）肇庆：自然与人文旅游胜地

鼎湖山是国家级自然保护区，被誉为"南岭绿肺"，其原始森林、瀑布群、道观等自然与人文景观结合，为游客提供了独特的体验。此外，肇庆的星湖、七星岩等景点也是岭南地区重要的自然旅游资源。

（3）惠州：滨海生态旅游胜地

惠州的巽寮湾、双月湾等地是广东省内最受欢迎的滨海旅游目的地，周边的红树林保护区、盐洲岛等地为游客提供了独特的海洋度假体验。

（二）粤港澳大湾区旅游产业的核心竞争优势

粤港澳大湾区作为世界级城市群，其旅游产业具备强大的国际竞争力和发展潜力。根据区域经济一体化理论和新经济地理学理论，区域经济一体化能够通过资源优化配置、市场整合、要素流动和制度创新，推动旅游产业的高质量发展。粤港澳大湾区的旅游产业在区域协调发展、产业协同效应、跨境旅游市

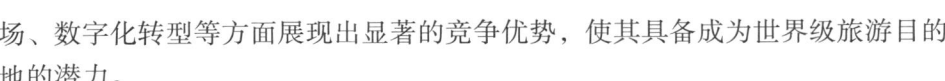

场、数字化转型等方面展现出显著的竞争优势，使其具备成为世界级旅游目的地的潜力。

1. 政策协同与区域经济一体化优势

（1）粤港澳大湾区经济一体化政策的驱动

粤港澳大湾区旅游产业的发展离不开国家及地方政策的积极推动，近年来，一系列政策文件的发布，为区域旅游产业一体化提供了制度保障和政策引导。《粤港澳大湾区发展规划纲要》明确提出要将该区域打造成世界级旅游目的地，强调跨区域旅游资源的整合、旅游市场的协同发展以及旅游服务标准的提升。《粤港澳大湾区发展规划纲要》不仅为粤港澳旅游产业的发展指明了方向，而且为各地政府在政策执行层面提供了参考依据。在这一政策的引导下，各城市纷纷加快旅游产业的发展步伐，加强区域协同合作，推动跨境旅游便利化，为游客提供更优质的旅游体验。此外，《横琴粤澳深度合作区建设总体方案》的实施进一步深化了澳门与珠海的合作，横琴作为粤澳深度合作的重要载体，正在逐步构建国际化旅游休闲产业链，吸引全球游客，为区域旅游产业一体化奠定坚实的基础。

基于区域经济一体化理论框架，粤港澳大湾区旅游产业一体化进程主要通过三大核心机制实现协同发展：政策协同机制、跨境便利化机制、财政支持机制。

在政策协同机制方面，"自由行"政策体系持续优化，包括扩大开放城市范围、简化手续等措施。例如，自2019年5月1日起，广东省正式实施外国人144小时过境免签政策，出境口岸增加了31个，停留时间延长至144小时。内地居民自2023年5月15日起，可以通过设置于全国任一公安机关出入境管理窗口的智能签注设备提交赴香港、澳门团队旅游签注申请，经审批通过的，可立即获发签注；未获通过人员，须前往人工窗口提交申请，审批通过后可在20日内领取签注。这些政策极大地提升了出入境便利水平，促进了粤港澳大湾区要素有序流动，显著改善了国际国内游客的出入境体验。

在跨境便利化机制方面，粤港澳大湾区构建了立体化的交通网络体系，以港珠澳大桥、广深港高铁等标志性跨境基建项目为代表，显著提升了粤港澳城市间的交通通达性。以港珠澳大桥为例，其建成通车使香港到珠海、澳门的车程从3个小时缩短至约45分钟。特别是2023年，随着"港车北上""澳车北上"政策落地，港澳单牌车可经港珠澳大桥往来广东，港珠澳"一小时生活圈"基本形成。

在财政支持机制方面，各地政府通过专项资金扶持旅游产业的升级和创新，以促进旅游市场的持续繁荣。近年来，香港特别行政区推出了"旅游行业发展基金"，用于支持旅游产业的恢复和创新发展，包括国际旅游推广、旅游企业补贴、景区升级改造等。澳门特别行政区政府同样设立了旅游产业专项基金，重点扶持文化旅游、会展旅游、特色旅游等领域，促进澳门旅游市场的多元化发展。广东省政府也设立了粤港澳大湾区旅游专项补助，为跨境旅游线路、智慧旅游建设、旅游品牌推广提供资金支持，推动区域旅游产业一体化进程的加快。此外，各地政府还通过税收优惠、融资补贴等政策，鼓励旅游企业进行数字化转型、文化 IP 开发以及高端度假项目投资，进一步丰富粤港澳旅游产业的层次和内容。

总体而言，粤港澳大湾区的旅游产业发展正处于国家政策大力扶持的黄金时期，通过政策协同、跨境便利化和财政支持的多维度驱动，该区域的旅游资源正在加速整合，旅游市场的联动效应逐步显现。未来，随着更多政策的落地实施，如横琴粤澳深度合作区政策的深化、港澳签注便利化措施的扩展、智慧旅游试点的推进等，粤港澳大湾区的旅游产业将进一步向国际化、智能化和高端化方向迈进，最终实现建设世界级旅游目的地的战略目标。

（2）区域协调发展与旅游产业一体化

粤港澳大湾区的旅游产业发展不仅依赖各城市独立的资源禀赋和市场优势，而且需要依托区域协调发展策略，通过资源整合、政策联动、基础设施互联互通等方式，推动旅游产业的一体化进程。区域经济一体化理论强调，区域间的产业一体化可以通过市场机制和政府干预相结合的方式，实现资源的最优配置和市场效益的最大化。在粤港澳大湾区，各城市在产业分工上既有明确的特色定位，又通过协同合作构建了完整的区域旅游体系。近年来，在《粤港澳大湾区发展规划纲要》的指引下，政府间的合作机制不断完善，推动了旅游产业的协调发展，具体表现在区域品牌建设、服务标准统一和联合推广等方面。

区域品牌建设是粤港澳大湾区旅游产业一体化的重要组成部分。各城市在旅游资源上各具特色，广州以文化旅游和商贸旅游为主，深圳则依托科技创新和都市体验吸引游客，香港作为国际大都会，以购物、娱乐和金融旅游闻名，澳门的文化遗产和休闲度假产业具有独特的吸引力。此外，珠海、中山、东莞等城市则在滨海度假、生态旅游、工业旅游等领域各有建树。为增强整体竞争力，粤港澳大湾区正在逐步推动区域旅游品牌的一体化建设，打造统一的国际旅游形象，吸引全球游客。例如，"一程多站"旅游模式正在成为粤港澳大湾区推广的核心概念，该模式鼓励游客在一次旅行中体验多个粤港澳大湾区城市，通过高效的跨境交通系统和多元化的旅游产品，实现区域旅游资源的互补性利用。政府和旅游企业积极推动跨境旅游线路的开发，如"广州—深圳—香港"国际商务游、"澳门—珠海—中山"文化休闲游等，通过联合营销和线路整合，增强区域整体的旅游吸引力。此外，澳门与珠海横琴的深度合作也在品牌建设中发挥了关键作用，澳门的国际知名度与珠海横琴的资源优势相结合，推动了横琴国际休闲旅游岛的建设，使之成为粤港澳大湾区新的高端旅游增长点。

统一服务标准是提升区域旅游整体体验的重要举措。在粤港澳大湾区，各地游客来源多元，旅游产品高度国际化，服务的标准化和互认机制对于提升游客满意度至关重要。近年来，各地政府在旅游服务领域的合作不断深化。例如，导游资格的互认机制已经在部分试点城市展开。未来，要推动粤港澳大湾区范围内的导游执业资格统一标准，促进区域旅游从业人员的流动与竞争。此外，酒店服务的标准化建设也在不断推进，澳门、香港和广州的部分国际酒店已率先采用统一的评级体系，提高了游客对粤港澳大湾区酒店质量的整体认知。支付方式的兼容性也是区域经济一体化进程中的关键因素，香港和澳门的商户近年来积极接入内地移动支付系统，支付宝、微信支付等已成为主要支付方式，内地游客可以在港澳地区更便捷地完成交易，这种支付环境的优化极大地提升了游客在区域内旅行的便利性，优化了消费体验。

联合推广是粤港澳大湾区旅游产业协同发展的重要策略。近年来，各地政府在旅游市场上的合作逐步加强，联合参与了多个国际性旅游展会，包括英国伦敦世界旅游交易会、德国柏林国际旅游贸易展览会等，通过国际平台提升大湾区旅游品牌的知名度和影响力。此外，粤港澳大湾区也在利用数字营销手段，借助社交媒体、旅游平台等进行精准化推广。例如，政府与各大旅游平台合作，在全球范围内推广粤港澳大湾区的旅游线路，通过定制化的广告投放、社交媒体营销等方式，精准触达目标游客群体。此外，粤港澳大湾区各城市也在联合打造跨境旅游节庆活动，如粤港澳大湾区文化艺术节、香港国际影视展、澳门国际烟花比赛汇演等。这些大型活动的联动推广，不仅增强了游客的参与度，而且使整个区域的旅游产业形成协同效应。

目前，粤港澳大湾区的旅游产业正在朝着更加一体化、标准化、国际化的方向发展。未来，随着跨境旅游政策的进一步优化、高铁与航空网络的进一步完善、智慧旅游体系的进一步建设，粤港澳大湾区将在全球旅游市场中占据更加重要的位置，成为真正的世界级旅游目的地。区域品牌建设、服务标准统一和联合推广等方面的协同推进，使得粤港澳大湾区的旅游产业逐步从单一城市竞争模式，向整体区域协同模式迈进，这种变化不仅增强了粤港澳大湾区整体的旅游竞争力，而且优化了游客的旅行体验，推动了区域旅游产业的高质量发展。

2. 多元化的旅游产品与资源禀赋

（1）文化旅游的独特竞争力

粤港澳大湾区的文化旅游资源丰富且多元，涵盖了岭南文化、海上丝绸之路文化、殖民文化、现代都市文化等多个层面，形成了具有独特竞争力的文化旅游体系。区域内的文化历史悠久，既承载着中华传统文化的底蕴，又融合了外来文化，形成了开放包容、多元交融的特色文化景观。根据中心地理论，区域内的文化核心城市能够通过强大的文化吸引力辐射周边地区，并带动整个区域旅游产业的发展。在粤港澳大湾区，广州、澳门、香港、佛山等城市作为文化中心，不仅拥有深厚的历史积淀，而且在现代文化创新、旅游产品开发等方面持续发挥重要作用，使得粤港澳大湾区文化旅游产业具备强大的国际竞争力。

粤港澳大湾区的文化旅游资源在全球范围内具有独特的竞争力。广州、澳门、香港、佛山等城市作为文化中心，不仅依托自身的历史文化资源吸引游客，而且积极推动文化创新和旅游融合发展，形成了丰富的文化旅游产品体系。通过品牌塑造、国际推广、文化产业化等手段，粤港澳大湾区的文化旅游已逐步从单一的观光模式向沉浸式、体验式、互动式方向转变，满足不同层次游客的需求。未来，在粤港澳大湾区一体化战略的推动下，各城市将进一步加强文化旅游的联合推广，如推动跨境文化旅游线路建设、打造区域性文化节庆品牌、深化文化遗产保护与利用等，进一步提升文化旅游在全球的影响力。通过文化资源的深度整合与市场化运营，粤港澳大湾区有望发展成为世界领先的文化旅游目的地，在国际旅游市场中占据更加重要的地位。

（2）都市旅游与现代服务业的高度发展

粤港澳大湾区的都市旅游与现代服务业高度发达，以广州、深圳和香港三大核心城市为代表，展现了国际化、多元化、高端化的都市旅游格局。这一区域不仅是中国最具活力的经济中心之一，而且是全球商业、科技、文化融合的重要地带。随着区域经济一体化的深入推进，粤港澳大湾区的都市旅游体系日趋完善，高端购物、金融商务、科技创新、夜间旅游等领域的发展成为推动旅游产业高质量增长的重要动力。借助现代化的基础设施、数字化的旅游服务和全球化的市场环境，都市旅游在粤港澳大湾区的旅游经济结构中占据举足轻重的地位，为区域内外游客提供了丰富的旅行体验。

（3）滨海度假与生态旅游的协同发展

粤港澳大湾区凭借优越的自然地理条件，形成了丰富的滨海度假与生态旅游资源，并在区域协调发展和可持续旅游理念的推动下，实现了生态保护与旅游经济的协同发展。根据生态旅游与可持续发展理论，旅游产业的可持续增长依赖资源的合理利用、环境保护与经济发展的平衡，而粤港澳大湾区的滨海生态旅游正朝着这一方向迈进。该区域不仅拥有蜿蜒的海岸线、众多优质海岛和原生态湿地，而且依托现代化基础设施和市场需求，打造了一系列高端滨海度假胜地，成为中国最具竞争力的滨海旅游区域之一。

珠海作为"百岛之城"，拥有众多优质海岛资源，东澳岛、外伶仃岛、庙湾岛等因其优越的生态环境和独特的海岛风光，成为高端度假旅游的重要目的地。近年来，珠海市政府在海岛旅游开发过程中强调生态保护，采取限制游客流量、推广低碳旅游等措施，以确保海岛资源的可持续利用。此外，珠海横琴粤澳深度合作区的开发也促进了滨海旅游业态的升级，引入了国际化的度假酒店、游艇俱乐部以及海洋文化项目，进一步提升了珠海在高端滨海旅游市场的竞争力。

深圳的大梅沙和小梅沙作为城市滨海旅游的重要代表，凭借便捷的交通、完善的配套设施和优美的海岸线，成为华南地区最受欢迎的城市海滩之一。近年来，深圳市政府对大梅沙、小梅沙片区进行了全面升级改造，增加了海洋文化体验、智能化旅游管理系统，并推动绿色低碳旅游模式的发展，以缓解过度开发对环境的压力。此外，深圳还依托其科技创新优势，推动智慧海滩管理系统建设，优化游客体验，确保滨海旅游的可持续发展。

惠州作为广东滨海旅游资源最丰富的地区之一，以双月湾、巽寮湾等优质滨海度假区闻名。这些区域因水质清澈、沙滩细腻、环境优美，吸引了大量游客。近年来，惠州市政府加快了滨海旅游与生态保护的融合步伐，推广"海洋＋生态＋文化"模式，推动海洋牧场、生态休闲渔业、红树林湿地公园的建设，打造了独具特色的海洋生态旅游产品。同时，惠州市政府还借助优越的生态环境，吸引高端度假酒店、温泉养生项目落地，成为粤港澳大湾区生态滨海度假的重要增长力量。

总体而言，粤港澳大湾区的滨海度假与生态旅游在区域协调发展和生态保护政策的支持下，逐步实现资源优化配置，提升了旅游产品的多样性和可持续性。未来，随着跨区域旅游合作的深化和绿色旅游理念的推广，粤港澳大湾区的滨海度假和生态旅游将进一步走向国际化市场，成为全球知名的可持续滨海旅游目的地。

3. 交通与基础设施优势

(1) 跨境交通网络的领先性

粤港澳大湾区凭借高度发达的交通网络和完善的基础设施，构建了中国乃至全球最具竞争力的跨境旅游交通体系。依托高铁、跨境大桥、国际机场群、邮轮港口等多种现代化交通方式，粤港澳大湾区内外游客的出行效率大幅提升，为区域旅游产业一体化奠定了坚实的基础。粤港澳大湾区的交通体系不仅极大地缩短了城市间的物理距离，而且推动了旅游资源的共享和市场的深度融合，使得"一程多站"模式成为现实，助力粤港澳大湾区发展成为世界级旅游目的地。

广深港高铁是连接广州、深圳、香港的重要动脉，使三地之间的通行时间缩短至1小时以内，形成高效的"1小时旅游经济圈"。便捷的高铁不仅吸引了大量商务旅客，而且极大地促进了跨境旅游的发展。游客可以在短时间内往返于广州的文化历史景区、深圳的科技创新中心、香港的购物与金融区，拥有跨城市的深度旅游体验。此外，广珠城际铁路、穗深城际铁路等轨道交通进一步加强了粤港澳大湾区城市群的紧密联系，为提升区域旅游的便捷性提供了保障。

港珠澳大桥的建成使珠海、香港、澳门三地的联系更加紧密，这座全球最长的跨海大桥不仅大幅缩短了通行时间，而且成为一条独特的旅游观光线路。

港珠澳大桥的通车，使得游客可以在短时间内体验澳门的历史文化、珠海的海岛度假和香港的国际都市游览，进一步促进了三地旅游资源的联动。对于自驾游游客而言，港珠澳大桥提供了极大的便利，使跨境自驾游成为粤港澳旅游的一大亮点。此外，港珠澳大桥作为世界级基础设施工程，已经成为一个著名的旅游景区，吸引了众多游客专程前来体验其壮观的跨海景观。

在粤港澳大湾区，随着区域经济一体化和城市化进程的不断发展，以香港国际机场、广州白云国际机场、深圳宝安国际机场三大国际航空枢纽为引领的世界级机场群正迅速崛起，为国际游客进入粤港澳大湾区提供了便捷的选择。香港国际机场是全球最繁忙的航空枢纽之一，超过120家航空公司在此运营，连接全球200多个航点，是国际旅客进入中国南方的主要门户。广州白云国际机场是国家"一带一路"倡议和"空中丝绸之路"的重要国际航空枢纽之一，是粤港澳大湾区核心枢纽机场，也是中国三大门户复合枢纽机场之一。作为对外交往的门户，深圳宝安国际机场与经济特区比翼齐飞，从一片滩涂到如今的国际化空港，客货业务高速增长，跻身全球最繁忙机场行列。深圳宝安国际机场的高速度发展，本身即折射出深圳特有的"城市之光"。三大机场的互补与协同发展，使粤港澳大湾区的航空服务体系更加完善，进一步巩固了其作为国际旅游目的地的竞争优势。

此外，粤港澳大湾区的邮轮和港口设施同样在区域旅游发展中扮演着重要角色。香港、深圳、广州三地的国际邮轮母港，为高端邮轮旅游市场提供了强大的支撑，吸引了全球邮轮公司布局航线。广州南沙国际邮轮母港的建成，使广州成为华南地区重要的邮轮出发港，为游客提供更便捷的海上旅游体验。此外，深圳蛇口邮轮母港与香港、澳门的海上客运航线进一步促进了区域内的海上旅游发展，推动了粤港澳大湾区"海陆空"立体化旅游体系的形成。

综合来看，粤港澳大湾区的交通体系在全国范围内领先，在全球范围内也具有极强的竞争力。借助高铁、跨境桥梁、航空枢纽、邮轮码头等多种交通方式的协同发展，粤港澳大湾区正在构建高效、便捷、多元化的旅游出行模式，为游客提供无缝衔接的跨境旅行体验。未来，随着智慧交通技术的发展和跨境交通政策的进一步优化，粤港澳大湾区的旅游通达性将进一步提升，助力其成为全球旅游产业一体化的重要示范区。

（2）智慧旅游与数字化创新

粤港澳大湾区在智慧旅游与数字化创新方面的探索，已成为推动区域旅游产业升级的重要引擎。借助大数据、人工智能、区块链等前沿技术，各城市不断提升旅游服务的智能化水平，以优化游客体验、提升管理效率，并促进跨境旅游的无缝衔接。近年来，随着数字经济的发展和旅游市场的变化，粤港澳大湾区各城市积极布局智慧旅游基础设施，推动旅游服务体系的数字化转型，逐步形成了以智能导览、数字支付、智慧管理和个性化体验为核心的智慧旅游生态体系。

粤港澳大湾区的智慧旅游与数字化创新不仅提升了旅游的便利性，而且推动了旅游管理模式的变革。在智慧交通方面，各地通过大数据分析并优化公交、地铁、出租车等公共交通设施的调度，减少游客出行等待时间，提高城市交通效率。同时，区域间的智慧旅游合作也在不断深化，如广州、深圳、香港联合推出跨境高铁电子票务系统，使游客能够在一个平台上完成购票、行程规划和智能导航。此外，粤港澳大湾区还积极推动智慧酒店、智能客服、无人机巡航等前沿技术的应用，使得旅游服务更具科技感和互动性。

第二节　粤澳旅游产业发展的现状与特征

粤港澳大湾区作为中国开放程度最高、经济最具活力的区域之一，近年来在一体化政策的推动下，其旅游产业发展取得了长足的进步，成为中国乃至全球旅游市场的重要增长极。受政策引导、市场需求变化以及跨境基础设施建设完善等多重因素的影响，粤澳旅游产业的协同发展呈现出多层次、多业态、多主体参与的格局。粤澳旅游产业的融合发展尽管已取得一定成果，但仍然面临诸多现实挑战，如产业链条尚未完全整合、市场协调机制不完善、区域资源优化配置仍存在短板等。

接下来，笔者将结合区域经济一体化理论，分析粤澳旅游产业的现状与特征，包括澳门与广东各城市在旅游产业中的定位与竞争优势。

一、澳门旅游市场的特点与优势

澳门作为粤港澳大湾区内以旅游和休闲产业为支柱的经济体，长期以来凭借文化遗产、会展经济等多元化产业，成为全球旅游市场的重要一环。近年来，随着粤港澳大湾区建设的推进，澳门正努力发展多元化、高端化旅游产业，积极融入粤港澳大湾区一体化进程，以增强旅游市场的可持续竞争力。

（一）世界文化遗产与文化旅游的独特竞争力

澳门拥有超过400年的中西文化交融历史，澳门历史城区于2005年被联合国教科文组织列入《世界遗产名录》，具有巨大的吸引力。大三巴牌坊、妈阁庙、议事亭前地等历史建筑，不仅是澳门文化旅游的核心资源，而且成为粤港澳区域文化旅游线路的重要节点。

近年来，澳门特别行政区政府积极推广"文化+旅游"模式，以丰富澳门旅游市场的层次。例如，澳门艺术节、澳门国际音乐节等活动，加强了文化与旅游的联动。同时，澳门与广东省内城市在岭南文化保护、海上丝绸之路历史遗迹协同开发等方面进行合作，为文化旅游的发展注入新的动力。然而，相较于香港和广州，澳门的文化旅游仍然缺乏系统性的国际推广，也缺乏完整的文化产业链支撑。因此，依托粤港澳大湾区的资源，强化文化旅游的国际影响力，将是澳门未来面临的重要课题。

（二）节庆会展旅游的市场拓展

澳门近年来大力发展会展经济，以优化游客结构。2012年，澳门特别行政区政府推出了"奖励旅游激励计划"，推动商务旅游发展，吸引全球高端商务会议落地澳门，使澳门成为东亚地区的重要商务会展目的地。

此外，澳门的节庆活动，如澳门格兰披治大赛车、澳门国际烟花比赛汇演等，不仅提升了城市的国际知名度，而且吸引了大量游客。澳门市场规模有限，单靠自身发展难以形成完整的会议展览产业链，因此，借助粤澳区域经济一体化的契机，加强与珠海、深圳、广州等城市的协作，实现区域会展经济的联动发展，是澳门特别行政区政府未来需要重点思考的方向。

（三）智慧旅游与数字化创新

澳门特别行政区政府近年来积极推进智慧旅游，通过大数据、人工智能、智能导览等技术优化游客体验。2019年，澳门结合智慧城市发展策略，推出

"旅游资讯交换平台""旅客洞察应用""智慧客流应用"项目，在客流监测、AI导游、移动支付等方面做出创新。同时，澳门的酒店、餐饮等行业广泛应用数字化管理系统，提高了运营效率。然而，澳门的市场规模相对较小，其智慧旅游的发展仍然依赖粤港澳大湾区的整体推进。与广州、深圳等智慧城市加强合作，实现跨境游客数据共享，将有助于提升旅游服务质量，也能为澳门旅游产业的长远发展提供更强大的动力。

澳门在旅游产业的发展中面临诸多挑战，包括产业结构过于依赖文化旅游、与国际市场衔接不足、会展经济难以形成完整产业链、智慧旅游发展受制于市场规模等问题。因此，未来澳门需要更加深入地融入粤港澳大湾区，通过跨境合作、产业升级、品牌塑造等方式，增强市场竞争力，并推广更加多元化、可持续的旅游发展模式。

二、广东省内旅游产业的整体布局与发展现状

广东省内的广州、深圳、珠海、佛山、惠州、东莞、中山、江门、肇庆九大城市，依托各自的资源禀赋，形成了差异化的旅游产业布局，并在区域协同发展政策的推动下，逐步构建起多层次、多业态的旅游体系。近年来，广东依托发达的经济基础、完善的交通网络和丰富的自然文化资源，持续优化旅游供给侧结构，推动文旅融合、产业升级、智慧旅游等领域的发展，助力粤港澳大湾区旅游产业一体化进程。

（一）广东省旅游产业的整体空间格局

根据空间组织理论，粤港澳大湾区的旅游产业形成了"一核、两翼、多中心"的空间结构。

"一核"指的是以广州、深圳、香港为核心的国际都市旅游区，承载着商务旅游、会展旅游、现代都市旅游等高端业态。

"两翼"指的是东部（惠州、东莞、深圳）和西部（珠海、中山、江门）的滨海旅游与休闲度假产业带，依托优越的海岸线资源，形成度假型旅游聚集区。

"多中心"指的是佛山、肇庆等城市作为岭南文化与生态旅游的核心节点，形成文化旅游、生态休闲、康养旅游等特色发展区域。

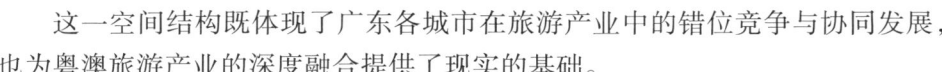

　　这一空间结构既体现了广东各城市在旅游产业中的错位竞争与协同发展，也为粤澳旅游产业的深度融合提供了现实的基础。

（二）各城市的旅游产业分工与特色

　　九大城市的旅游业态各具特色，其产业布局主要受自然资源、历史文化、产业经济、基础设施等多方面因素的影响。接下来，笔者将从主要城市的核心产业优势入手，分析其在粤港澳大湾区旅游产业发展中的作用。

1. 广州：华南地区的旅游核心枢纽

　　广州作为广东省省会，是全国综合旅游竞争力排名前列的城市，以岭南文化、现代都市旅游、商务会展等多元化旅游形态，成为粤港澳大湾区最重要的旅游枢纽之一。

　　广州是岭南文化的重要发源地，西关大屋、陈家祠、南越王墓等历史遗址构成了完整的岭南文化体验体系。广州塔（"小蛮腰"）、珠江新城等，是都市休闲和娱乐体验的重要目的地。作为中国三大会展中心之一，广州拥有琶洲国际会展中心，每年举办的广交会等国际级展览会吸引了大量商务游客。

2. 深圳：科技创新与城市旅游的先锋

　　深圳是全国经济特区，也是科技创新、会展经济、滨海旅游的重要中心城市，其旅游市场由高端商务、现代科技、跨境购物、滨海休闲等多元要素组成。

　　深圳的华为、腾讯等科技企业展览馆，吸引了全球科技爱好者前来参观。大梅沙、小梅沙、较场尾等滨海度假区，是华南最受欢迎的城市海滩旅游地之一。深圳国际会展中心是全球最大的单体会展中心，承办了众多国际级展览会，带动了商务旅游的发展。

3. 珠海：生态海岛与跨境休闲旅游中心

　　珠海作为粤港澳大湾区的生态宜居城市，以海岛旅游、跨境旅游、主题度假为核心，形成了独特的旅游优势。

珠海被誉为"百岛之城"，东澳岛、外伶仃岛、荷包岛等高端度假胜地吸引了大量游客。横琴粤澳深度合作区的设立，使珠海成为澳门游客的重要外延旅游目的地，粤澳"一程多站"模式加速落地。珠海长隆国际海洋度假区成为国内顶级亲子游目的地之一。

4. 佛山：岭南文化与工业旅游的结合

佛山是岭南文化的重要发源地，以传统工艺、武术文化、美食旅游为特色，在粤港澳大湾区形成了独具一格的旅游吸引力。

佛山祖庙、南风古灶、佛山黄飞鸿纪念馆等，成为岭南文化、武术文化旅游线路上的核心景点。佛山顺德被誉为"世界美食之都"，以粤菜为核心的美食旅游吸引了大量游客。另外，佛山还是中国家电、陶瓷、汽车制造中心，工业旅游模式正在深入发展。

5. 惠州、东莞、中山、江门、肇庆：多元化发展格局

惠州加大了对双月湾、罗浮山的开发力度，发展滨海旅游、温泉康养旅游，取得了显著的成效。

东莞以"生态休闲＋工业旅游"为特色，松山湖科技产业园汇聚了华为、大疆等高科技企业，"科技探秘"主题旅游线路持续发展，虎门海战博物馆于2023年完成数字化升级，新增了AR海战模拟体验区。

中山依托孙中山故居文化带动红色旅游发展，原创文旅剧《风起翠亨》以舞台剧的形式，讲述了孙中山从少年到青年时期的成长故事。中山依托珠三角区位优势发展都市休闲游项目，打造"温泉＋高尔夫"高端旅游业态。

江门以"华侨文化＋滨海度假"为主，开平碉楼、台山海滩吸引了国内外游客。

肇庆作为山水文化名城，以"生态旅游＋历史文化"见长，星湖湿地、七星岩等自然景观丰富。

（三）广东旅游产业的发展趋势

就整体发展趋势来看，广东的旅游产业正在朝着高端化、智慧化、生态化、国际化方向发展，并在粤港澳区域一体化背景下，逐步形成更紧密的区域协同格局。

广州、深圳等核心城市加快推动高端酒店、奢侈品零售、邮轮旅游等高附加值产业发展，以吸引更多高端游客。在智慧化服务方面，各城市不断探索并优化，深圳华侨城 AI 全息导游系统、珠海万山群岛的海洋生态智慧监测平台等投入使用。滨海旅游、森林康养、低碳度假等生态旅游业态成为市场新的增长点，惠州双月湾的绿色生态度假模式产生了巨大的影响力。各城市通过联合推广、国际展会、跨境合作等方式，强化粤港澳大湾区旅游产业的全球影响力，提升区域在全球旅游市场的竞争力。

广东的旅游产业在粤港澳大湾区协同发展的背景下，形成了"一核、两翼、多中心"的空间结构，各城市依托自身的特色资源，构建了涵盖都市旅游、文化旅游、滨海度假、工业旅游、生态旅游的多元体系。然而，如何进一步优化市场协同、跨区域资源整合、基础设施联通、政策协调，仍是人们未来在粤港澳大湾区旅游产业一体化发展过程中需要深入研究的关键问题。

第三节　区域旅游产业融合的进展与现状

粤港澳大湾区旅游产业的融合，是区域经济一体化发展的重要组成部分。在国家政策的引导下，各地在跨境旅游合作、旅游资源共享、品牌联合推广以及产业链协同方面取得了显著进展。近年来，随着横琴粤澳深度合作区的建设和跨境基础设施的完善，粤澳旅游合作模式已由传统的单向客源输出，逐步向双向互动、资源共享、产业协同的方向演进。然而，由于各城市在经济发展水平、旅游产业基础和政策协调机制上的差异，粤澳旅游产业的一体化进程仍然面临诸多挑战。

一、粤澳旅游产业的合作模式及成效

粤澳旅游产业合作模式的深化，是区域经济一体化进程中的重要组成部分。在建设粤港澳大湾区的大背景下，澳门与广东各城市的旅游合作已逐步从早期的游客单向流动模式，发展为资源共享、市场联通、品牌共建、产业链协同的多层次合作模式。粤澳在跨境旅游便利化、旅游产品联合开发、市场推广合作等方面取得了显著成效，为未来粤澳旅游产业一体化的深化奠定了基础。

（一）跨境旅游便利化：基础设施升级与政策创新

粤澳旅游合作的一个重要特征是跨境旅游便利化设施的不断推进。粤澳通过一系列政策创新、跨境基础设施建设，使得游客在粤澳两地之间的通行更加顺畅，有效促进了区域旅游产业一体化的发展。

近年来，澳门与广东的跨境基础设施建设取得了重大进展。港珠澳大桥为游客提供了更为便捷的跨境出行方式。广深港高铁的开通进一步缩短了珠三角核心城市与澳门之间的旅行时间，使广州、深圳、香港与澳门形成"1小时旅游经济圈"。此外，横琴口岸的24小时通关政策也为粤澳跨境旅游提供了极大的便利，使澳门游客可以更自由地进入广东旅游，同时促进了澳门游客向珠海及周边城市的延伸。

在跨境旅游政策方面，澳门特别行政区政府和广东省政府近年来实施了一系列便利化措施，以提升游客的出行体验。例如，澳门自由行政策的持续优化，逐步扩大内地居民赴澳旅游的城市覆盖范围，使更多游客能够便捷地前往澳门观光游览。2025年1月1日起，横琴粤澳深度合作区户籍居民和居住证持有人可以申请办理赴澳门旅游"一签多行"签注，在1年内可不限次数往来澳门，每次在澳门逗留不超过7天。这些政策方面的探索为提升跨境旅游便利化水平提供了支持。

（二）旅游产品的联合开发与市场协同

粤澳两地的旅游资源具有明显的互补性。澳门以文化遗产、会展经济为核心，而广东各城市在生态旅游、文化旅游、都市观光等方面具有优势。近年来，粤澳两地在旅游产品的联合开发方面取得了显著成效，形成了多种跨境旅游产品。

首先，粤澳两地联合推出了"一程多站"跨境旅游模式，使游客在一次旅行中可以体验多个城市。例如，连接横琴和澳门的跨境通勤专线每天往返两地，珠海实施了赴澳门旅游"一周一行"政策，横琴粤澳深度合作区实施了赴澳门旅游"一签多行"政策，这些举措将澳门的世界文化遗产游览与珠海横琴的高端度假体验相结合。类似的模式也在澳门与广州、澳门与深圳之间展开。"澳门—广州"岭南文化探索之旅、"澳门—深圳"科技创新之旅等产品使游客能够在粤澳两地获得更为多样化的旅游体验。

其次，粤澳两地在旅游线路设计方面进行深度合作。例如，在文化旅游方面，澳门的世界文化遗产景区与广东的历史文化资源形成互补，如澳门的大三巴牌坊、妈阁庙与广州的西关大屋、陈家祠共同构成岭南文化旅游线路。在都市旅游方面，澳门的高端购物旅游与深圳的科技创新旅游、广州的美食文化旅游共同组成粤港澳大湾区的都市旅游产品矩阵。

最后，澳门近年来还与广东各城市合作，推动粤澳邮轮旅游和海岛度假旅游的发展。例如，澳门与珠海合作，共同推出了邮轮旅游项目，游客可以从澳门出发，途经珠海外伶仃岛、香港大屿山等地，欣赏沿途风光。未来，粤澳两地还计划共同开发国际邮轮旅游线路，进一步提升区域旅游产业的一体化水平。

（三）旅游品牌共建与市场推广合作

粤澳两地近年来积极推动旅游品牌共建，以提升区域旅游产业的国际竞争力。粤港澳三地政府携手打造粤港澳大湾区国际旅游品牌，并在全球范围内开展联合推广活动。例如，粤港澳大湾区文化艺术节通过一系列文化、艺术、节庆活动，向全球游客展示区域的独特旅游资源。此外，粤澳两地政府和旅游企业携手参加国际旅游展会，如英国伦敦世界旅游交易会、德国柏林国际旅游贸易展览会等，提升区域旅游品牌在全球范围内的影响力。

粤澳旅游品牌共建的另一个重要方面是文旅创意 IP 的打造。近年来，粤澳两地政府和企业合作，共同开发了一系列文化旅游产品，结合澳门的世界文化遗产、广州的岭南文化、深圳的科技创新等元素，打造具有国际吸引力的旅游 IP。此外，澳门和广东各城市正在积极探索在区域性文化节庆活动方面的合作，如澳门国际烟花比赛汇演、广州国际灯光节、深圳国际金融科技节等，形成粤澳旅游的节庆品牌矩阵，进一步提升区域旅游产业的吸引力。

（四）旅游产业链的协同发展

随着粤澳旅游产业合作的深入，粤澳两地旅游产业链协同发展的步伐也在加快。近年来，澳门通过横琴粤澳深度合作区，与珠海形成了紧密的产业链联动。例如，横琴粤澳深度合作区积极吸引澳门旅游企业落地投资，推动"澳门旅游＋横琴配套"模式的发展。横琴粤澳深度合作区的高端酒店、会议展览中心、文化创意产业园区，与澳门的旅游经济形成互补，为澳门的游客提供更加多样化的旅游产品和服务。

此外，粤澳两地的旅游企业也在不断加强合作，探索更多创新型旅游商业模式。例如，一些澳门酒店集团正在横琴投资建设度假村、主题公园等旅游项目，与澳门的历史文化旅游、高端购物旅游业态形成互补，推动粤澳旅游产品的多元化发展。同时，粤澳两地的旅行社也在加强合作，推出更多粤澳联合旅游产品，以提升游客的旅行体验。

粤澳旅游产业的合作模式已从早期的单向客源流动模式，发展为跨境旅游便利化、资源互补、市场协同、品牌共建、产业链协同等多层次合作模式。近年来，通过基础设施建设、政策支持、市场推广等多方面的努力，粤澳两地的旅游合作取得了显著成效。未来，粤澳旅游合作需要进一步深化跨境政策的协调，优化旅游资源的整合，推动产业链的深度融合，以实现更高层次的旅游产业一体化发展。

二、横琴旅游产业发展的最新动向

横琴作为粤澳深度合作的核心区域，近年来在推动旅游产业发展、促进粤澳旅游产业融合方面取得了显著成效。作为连接澳门与广东的重要枢纽，横琴不断适应澳门旅游产业外溢的市场需求，逐步形成了以高端休闲度假、文旅融合、科技创新驱动等为核心的发展模式。随着《横琴粤澳深度合作区建设总体方案》的实施，横琴在基础设施建设、旅游产品创新、产业结构升级以及跨境合作模式优化方面均取得了突破性进展，成为粤澳旅游产业一体化发展的重要推动力量。

（一）横琴旅游产业布局的优化与发展

横琴在旅游产业布局方面，逐步形成了以横琴国际休闲旅游岛、文旅产业创新中心、科技旅游融合区为核心的发展格局。当前，横琴已成为集高端酒店、主题公园、文化创意、会展经济、生态旅游于一体的综合性旅游目的地，并与澳门的高端旅游产业形成互补。

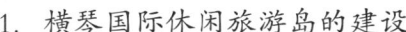

1. 横琴国际休闲旅游岛的建设

2019年4月，国家发展和改革委员会印发《横琴国际休闲旅游岛建设方案》，明确了建设横琴国际休闲旅游岛的发展定位、目标、原则、任务等。横琴国际休闲旅游岛范围为横琴岛及所辖海域，总面积为106.46平方公里。这是国内获批的第三个国际性旅游岛，与澳门隔河相望，享有粤港澳合作的优势。以长隆国际海洋度假区为代表，横琴打造了一系列高端旅游度假项目，为粤澳旅游产业一体化提供了强有力的支撑。长隆国际海洋度假区包括海洋王国、企鹅酒店、马戏酒店、大马戏剧场等，是亚洲最大的海洋主题乐园之一。近年来，长隆国际海洋度假区不断升级园区设施，引入国际级娱乐项目和创新型旅游项目，吸引了大量游客。

与此同时，横琴正在推进高端酒店群的建设，以满足高端游客的需求。此外，横琴还积极推进邮轮母港的建设及游艇旅游项目的发展，通过打造高端海上旅游产品，进一步提升横琴在国际休闲旅游市场的竞争力。

2. 文旅产业创新中心的打造

横琴依托粤澳合作的政策优势，积极推动文化与旅游产业的深度融合，发展特色文旅产业。近年来，横琴着力打造文化演艺、影视产业、文博旅游、沉浸式体验等多元化文旅产品。横琴还积极引入数字文旅技术，如VR沉浸式体验、AR增强现实导览等，优化游客的体验。

近年来，横琴还在积极申办国际级文化盛会和演艺活动，为粤澳游客提供高品质的文化旅游体验。2024年12月，横琴文化艺术中心交付启用，包含图书阅览、文化演艺、多功能展览"三大中心"，还有美术馆、档案馆、屋顶花园等配套空间，是横琴粤澳深度合作区内唯一的文化艺术类综合项目，承载着为琴澳两地居民及粤港澳大湾区城市客群提供公共文化艺术服务、推广艺术教育和促进文化艺术建设的重任。

3. 科技旅游融合区的发展

在科技旅游方面，横琴积极推动"旅游＋科技"融合发展，吸引科技企业入驻，推动智能化旅游服务的升级。例如，横琴通过旅游大数据指挥中心系统、智游横琴APP等，为游客提供一站式"吃、住、行、游、购、娱"综合服务，提升游客体验。同时，横琴还与澳门高校、科技企业合作，探索 VR、AR、人工智能等新兴技术在旅游产业中的应用，例如智能导览、数字文创、线上线下旅游联动等。

（二）跨境旅游政策创新与制度改革

横琴作为粤澳深度合作的重要区域，近年来在跨境旅游政策创新方面取得了突破，为旅游产业一体化提供了制度支持。

1. "澳车北上"政策的实施

为贯彻落实《粤港澳大湾区发展规划纲要》，进一步促进粤澳两地人员车辆往来便利化，经粤澳两地政府各相关单位共同努力，"澳车北上"政策从 2022 年 12 月 20 日开始接受申请，从 2023 年 1 月 1 日零时起，获得批准的澳门私家车可正式入粤。

"澳车北上"政策是国家支持澳门发展，推进粤港澳大湾区建设的重要举措之一。港珠澳大桥边检站数据显示，"澳车北上"政策正式实施以来，截至 2024 年 12 月 31 日 15 时 30 分，经该站查验的"澳车北上"车辆已超过 265 万辆。"澳车北上"政策作为粤港澳大湾区规则衔接、机制对接的典型创新案例，为粤澳跨境出行方式带来了新变革。该政策不仅促进了横琴与澳门之间的旅游往来，而且使得澳门游客能够更加便捷地前往横琴的度假区、主题公园和高端酒店消费。此外，该政策的实施进一步推动了跨境自驾游的发展，带动了横琴的汽车租赁、旅游接待、跨境消费等相关产业的发展。

2. 粤澳通关便利化改革

2023 年 9 月 26 日，横琴口岸二期工程客货车联合一站式车道正式开通试运行，新车道实施"合作查验、一次放行"创新查验模式，可以实现出入境车辆"一次排队，一次放行"。粤澳两地多家联检单位首次在同一通道、同一平台上完成对通关车辆及人员信息的一次采集、分别处置、联合验放，有效简化了车辆通关手续，大幅提升了车辆通行效率。2024 年 4 月 9 日，横琴口岸客货车通道随车人员验放厅正式启用，横琴口岸的通关效率再次迎来提升。该验放厅的出入境通道各设有 8 条合作快捷查验通道和 3 条人工通道，实施 24 小时通关，采用"合作查验，一次放行"便捷通关模式，通关效率大幅提升。未来，横琴将继续探索与澳门的通关便利化政策，进一步为两地游客的流动提供便利。

3. 跨境支付一体化

2023年2月23日，中国人民银行联合中国银行、广东省人民政府等，正式发布《关于金融支持横琴粤澳深度合作区建设的意见》，即"横琴金融30条"，从打造便利澳门居民生活就业的金融环境、促进横琴与澳门金融市场和金融基础设施互联互通、发展助力澳门经济适度多元发展的现代金融产业、促进跨境贸易和投融资便利化、加强金融监管合作、保障措施等六个方面提出多条具体措施，支持横琴在跨境资金流动便利、投融资汇兑便利化、金融业对外开放等方面先行先试，为横琴现代金融业的发展提供了新的机遇。"横琴金融30条"提出的构建资金电子围网系统、探索允许澳门元作为小额支付使用等多项政策，为全国首次提出，为澳门游客提供了更便捷的消费体验。

第四章
粤澳旅游产业发展中的挑战与瓶颈

在粤港澳大湾区的区域经济一体化进程中，旅游产业被视为促进经济增长、推动区域合作的重要引擎。粤澳两地依托政策支持、基础设施建设以及产业协同，已初步形成高度互补、功能多元的旅游产业格局。然而，在旅游产业快速发展的同时，粤澳也面临一系列结构性问题和现实挑战。如何应对这些挑战，将粤澳旅游产业推向更高质量的发展阶段，成为本章研究的核心议题。

从区域经济一体化理论的角度来看，旅游产业的一体化离不开资源的高效配置、制度的协同和优化、市场机制的成熟和完善。然而，目前粤澳旅游产业在资源整合、产品创新、市场协调、跨境政策管理等方面仍然面临诸多难题。例如，尽管粤澳两地拥有丰富的文化、生态等多样化旅游资源，但由于资源管理体制不同、行政协调存在壁垒，旅游资源的整合效能未能最大化地体现出来。此外，部分城市旅游产品同质化，缺乏足够的创新动力，导致游客消费层次难以进一步提升。跨境旅游的便利性仍受制于政策协调的不稳定性，通关程序、支付体系、市场监管等问题仍然限制了粤澳旅游市场的深度融合。

本章将围绕粤澳旅游产业在发展中面临的挑战，结合前文提及的理论框架和现状分析，从产业结构、政策协同、资源整合、产品创新、基础设施、市场竞争和可持续发展等多个维度展开深入探讨，明确影响粤澳旅游产业一体化的核心问题，并为第五章提出的优化路径提供理论支撑和实践依据。

第一节 产业融合过程中的结构性问题

粤港澳大湾区的旅游产业一体化发展并非一蹴而就的，而是受到历史、产业结构、政策环境等多种因素的制约。区域经济一体化理论强调市场开放、要素自由流动和制度协调在推动区域经济一体化进程中的作用。粤澳旅游产业在融合过程中，存在产业结构失衡、同质化竞争等问题，旅游资源整合面临巨大挑战，旅游产品与服务创新不足。这些导致旅游产业的协同效应未能完全释放出来。

一、产业结构失衡

粤港澳大湾区作为中国经济最具活力的区域之一，其旅游产业在全国乃至全球范围内具有重要的影响力。然而，在粤澳旅游产业协同发展的过程中，产业结构失衡的问题依然比较突出，不同城市的旅游产业发展模式各异，但整体上存在结构失衡的现象。这影响了区域内旅游资源的优化配置，也导致产业联动效应较弱，降低了整个粤港澳大湾区旅游产业的整体竞争力。

根据《粤港澳大湾区旅游业发展报告（2023）》，澳门的旅游收入来源比较单一，而广东各城市则呈现出多样化的旅游产业发展模式，如广州和深圳以商务会展旅游为主，珠海和惠州侧重滨海度假旅游，佛山则以文化旅游和工业旅游为特色。尽管这种多元发展模式为粤澳旅游产业提供了丰富的市场选择，但在实际运营过程中，产业结构失衡的影响依然存在。

澳门作为国际知名的旅游目的地，长期以来形成了以特色休闲娱乐产业为主导的发展模式。这一核心产业不仅推动了澳门经济的快速增长，而且带动了高端酒店、奢侈品零售、演艺娱乐等相关行业的繁荣。然而，过度依赖单一产业的模式使得澳门经济易受外部环境变化的影响。例如，在近年全球旅游产业面临挑战的背景下，澳门的经济增长也出现了显著波动。由于其他旅游细分业态尚未充分发展，核心产业的波动直接影响着澳门整体经济的稳定性。

相较于全球其他旅游城市，澳门在休闲度假、文化体验、商务会展等领域的竞争力仍有提升空间。尽管澳门特别行政区政府近年来积极推行"旅游＋"发展战略，通过文化遗产旅游、节庆活动、美食推广等方式丰富旅游产品，但非核心旅游产业的收入占比仍然较低。根据澳门统计暨普查局发布的数据，近年来，虽然非核心旅游收入有所增长，但其市场影响力仍然非常有限。若未来主导产业因政策或市场因素出现调整，澳门旅游产业的可持续发展将面临新的考验。因此，进一步推动产业多元化调整、增强抗风险能力，仍是澳门旅游产业未来的重要发展方向。

二、同质化竞争

相较于澳门的特色休闲娱乐产业，广东各城市的旅游产业发展呈现多元化格局，但在细分市场和城市分工上仍然存在同质化竞争，导致产业协同效应未能充分释放。

以珠海和深圳为例，两个城市都在滨海度假旅游方面投入较大，但缺乏明确的市场功能区分。例如，珠海的海岛旅游资源丰富，拥有东澳岛、外伶仃岛等多个高端度假区，而深圳的大鹏半岛、大梅沙、小梅沙等也是国内著名的滨海旅游目的地。然而，这两个城市在滨海度假市场的开发模式上较为雷同，都以高端度假酒店、海上娱乐项目、滨海景区等为核心，导致游客在选择时缺乏明显的差异化体验。此外，惠州的巽寮湾、双月湾也在参与市场竞争，使得粤港澳大湾区的滨海旅游市场呈现高度同质化竞争态势。

类似的情况也发生在文化旅游市场。例如，广州作为岭南文化的发源地之一，拥有丰富的历史文化遗产，如陈家祠、南越王墓、西关大屋等，同时广州还重点发展了商贸旅游，吸引了大量游客。然而，与广州仅一小时车程的佛山同样以岭南文化和非遗文化为特色，拥有南风古灶、佛山祖庙、佛山黄飞鸿纪念馆等，这种相似的市场定位使得两地难以形成互补。

三、旅游资源整合面临巨大挑战

粤澳旅游产业的发展还受到旅游产业链整合不足的影响。粤港澳大湾区虽然拥有丰富的旅游资源和高度发达的城市经济体系，但旅游产业链的上下游联动效应仍然较弱，导致游客的消费层次难以进一步提升。例如，澳门拥有高端购物、奢华酒店、国际级演艺活动等旅游产业优势，但这些高端旅游产品未能有效与广东的乡村旅游、文化旅游形成产业联动，使得游客在澳门的消费较为单一，难以向广东延伸。

目前，大部分前往澳门的游客主要关注购物和文化观光，而广东的旅游资源（如广府文化、生态旅游、休闲度假）未能成为此类游客延伸旅行的主要选项。尽管近年来政府积极推广"一程多站"旅游模式，希望通过高铁、港珠澳大桥等基础设施建设，使游客能够在一次旅行中体验多个城市，但由于粤澳两地的旅游信息共享、票务整合、交通接驳等方面尚未完全优化，游客的跨境旅游体验仍然存在不便。

（一）资源空间分布不均衡，利用率低

粤港澳大湾区的旅游资源在地理空间上呈现出极度不均衡的分布。广州、深圳、香港、澳门等核心城市拥有大部分的旅游设施、文化景区和国际游客流

量，而其他城市，如江门、肇庆、惠州等，尽管拥有丰富的自然资源和历史文化景观，但受限于交通可达性、旅游品牌知名度和基础设施建设水平，旅游资源的市场开发程度较低，游客的到达率远低于核心城市。这种资源的不均衡配置，导致旅游市场的流量过度集中在大城市，而周边城市的旅游资源则被边缘化，缺乏有效的整合。

以澳门为例，其旅游市场主要集中于特色休闲娱乐产业，而文化遗产类景区，如妈阁庙、议事亭前地、大三巴牌坊等，虽具有重要的文化价值，但由于宣传力度有限，对游客的吸引力仍然较弱。相对而言，广东部分城市的文化旅游资源，如佛山的岭南文化、西樵山，肇庆的宋城墙、鼎湖山等，虽然具有极高的历史和文化价值，但尚未形成完善的跨城市旅游线路，使得这些景区在国际游客市场上的曝光度不高。

此外，滨海旅游资源的开发也面临相似的困境。珠海、惠州、深圳均拥有优质的海岸线资源，但这些资源在规划和开发上缺乏整体性。例如，深圳的大梅沙和小梅沙、珠海的东澳岛、惠州的双月湾等滨海旅游胜地拥有相似的资源，旅游产品的同质化竞争严重，尚未形成联动机制，也未能整合成国际化的滨海旅游品牌。因此，在粤港澳大湾区范围内，如何将旅游资源的分布不均衡转化为优势，并实现资源的高效整合和区域联动，是当前旅游产业面临的重要难题之一。

（二）跨行政区旅游协同机制不完善

粤港澳大湾区的行政区划复杂，由广东九市以及香港、澳门两个特别行政区组成，各地在管理制度、行政管理模式、经济政策、旅游标准等方面存在较大差异，这种体制上的壁垒严重制约了旅游资源的整合。例如，在签证政策方面，澳门与香港的游客流动相对便利，而内地游客进入澳门和香港仍需办理签证，这一政策壁垒在一定程度上限制了跨境旅游市场的发展。

此外，各地政府在旅游产业发展上的政策目标不尽相同。例如，澳门希望通过"旅游＋"战略推动产业多元化，但其主要精力仍然集中于特色休闲娱乐产业，深圳则重点发展科技旅游和商务会展旅游，而广州则以文化旅游和购物旅游为主。在缺乏统一的区域旅游产业发展规划的情况下，各城市缺乏系统性的合作，甚至可能因市场竞争而产生资源浪费的问题。

在跨境旅游协同机制上，尽管近年来各城市推出了一些跨境旅游便利化措施，如港珠澳大桥的通车、粤港澳"一程多站"旅游产品的推广等，但整体而言，这些举措在具体执行层面仍然面临诸多挑战。例如，澳门与珠海在合作开发横琴的过程中，在土地使用、投资管理、税收政策等方面存在较大差异，旅游产业整合速度仍然较缓慢。由此可见，在行政体制上建立有效的跨区域协调机制，是粤澳旅游资源整合的难点。

（三）信息共享机制不健全

粤港澳大湾区旅游产业在发展中面临的另一个关键挑战是旅游信息的共享机制尚不健全。目前，各地的旅游市场信息仍然是割裂的，缺乏统一的游客数据管理平台。例如，澳门的旅游数据主要由澳门特别行政区政府旅游局管理，香港的旅游数据由香港旅游发展局负责，而广东各城市的旅游数据则由不同的地方文旅部门管理。这种分散的数据管理模式，使得各城市在制定旅游发展策略时，难以获取完整的游客流动趋势、消费行为、市场需求等关键信息。

此外，跨境游客信息共享机制的滞后，也影响了旅游资源的精准营销。例如，澳门接待的游客主要来自香港和内地，但由于数据共享机制的缺乏，澳门的旅游企业难以精准获取这些游客在香港和内地的消费行为数据，导致营销策略的针对性较低。同样，内地的旅游企业在吸引澳门游客时，也面临类似问题。这种信息壁垒既影响了旅游企业的市场竞争力，也制约了粤澳旅游市场的深度融合。

四、旅游产品与服务创新不足

在粤澳旅游产业快速发展的背景下，旅游产品和服务的创新能力已成为影响区域旅游竞争力的重要因素。然而，尽管粤港澳大湾区旅游市场庞大，游客需求多样化，但目前区域内旅游产品仍然存在较高程度的同质化现象，部分旅游业态创新不足，难以满足游客日益增长的个性化、高品质旅游需求。此外，旅游服务在智慧化、标准化、个性化等方面也尚未实现系统性突破，制约了旅游产业的升级。

（一）文化旅游体验的单一化程度较高，创新不足

文化旅游是粤澳旅游产业的重要组成部分，尤其是澳门和广东多个城市均

拥有丰富的历史文化资源。然而，目前的文化旅游开发方式仍然较为传统，主要依赖景区参观、展览展示等方式，游客的参与度和沉浸感不足。例如，澳门的世界文化遗产包括大三巴牌坊、妈阁庙、议事亭前地等，虽然在游客群体中享有较高的知名度，但游客的旅游体验仍以简单的拍照、参观为主，缺乏互动性和沉浸式体验项目。此外，澳门的葡萄牙文化元素丰富，但澳门在餐饮、音乐、节庆等方面的文化体验开发较为滞后，游客无法真正沉浸于跨文化交融的氛围之中。

同样，广州的西关文化、佛山的岭南文化、肇庆的宋城文化等，虽然具有较高的文化价值，但在市场化运营方面，仍然停留在传统的观光旅游模式层面，未能形成具有国际吸引力的文旅IP。例如，广州的西关大屋虽然具有独特的岭南建筑特色，但尚未与现代文创产业、沉浸式戏剧、VR体验等新兴旅游模式深度结合，其文化魅力未能得到充分释放。此外，佛山的武术文化和陶艺文化虽知名度较高，但相应的体验式旅游产品较少，游客往往只能进行短时间的静态参观，无法真正沉浸式体验武术培训、陶艺制作等活动。

未来，粤澳地区的文化旅游应加强产品创新，通过沉浸式文化体验、数字化导览、文化演艺等方式，增强游客的参与感。例如，可以借鉴上海迪士尼乐园的成功经验，在澳门和广州打造具有本地文化特色的主题文化乐园；或者借鉴日本京都的文化体验模式，在岭南文化发源地推出深度文化体验活动，如粤剧沉浸式演出、南越王宫遗址夜游等，进一步提升文化旅游的市场吸引力。

（二）滨海与生态旅游的开发力度不够，资源整合不足

粤澳地区拥有得天独厚的滨海资源和生态资源，但目前滨海度假和生态旅游的发展仍面临产品单一、开发力度不足、资源整合度低等问题。例如，珠海的海岛旅游资源丰富，包括东澳岛、外伶仃岛、担杆岛等；深圳的大梅沙、小梅沙，惠州的双月湾、巽寮湾等，均是极具吸引力的滨海度假胜地。然而，目前大部分滨海旅游项目仍以基础观光、普通海滩度假为主，缺乏高端定制化产品，未能充分利用优质的海洋资源开展深度海洋探险、海底观光、游艇度假等高端旅游项目。

此外，粤港澳大湾区的滨海旅游资源分布广泛，但缺乏统一的开发规划，各地滨海旅游项目存在同质化竞争的情况。例如，珠海和惠州均开发了海岛

游、滨海度假酒店、潜水项目等,而深圳的大梅沙、小梅沙也提供类似的滨海休闲产品,整体市场定位并未形成互补。

同样,在生态旅游方面,粤港澳大湾区虽然拥有丰富的山地森林资源,如鼎湖山、南昆山、罗浮山等,但多数生态景区仍以传统观光为主,缺乏高附加值的生态度假产品。游客在景区内的体验主要为徒步、摄影等基础活动,景区缺乏森林酒店、野外探险、生态康养等高端生态旅游产品。此外,生态旅游的可持续发展也面临一定挑战,如部分景区的环境保护机制尚不完善,生态资源的过度开发可能对自然环境造成损害。

未来,粤澳滨海旅游和生态旅游需要加强创新,包括引入国际先进的滨海度假村管理模式,开发精品生态酒店、沉浸式自然体验项目等,以满足高端游客的需求。例如,可以借鉴马尔代夫的高端海岛度假模式,在珠海的东澳岛、担杆岛等地开发生态度假村,同时推广深度海洋探险、定制化游艇旅游等新型旅游产品。此外,粤澳各城市应加强滨海旅游资源的联动发展,推动跨城市滨海旅游线路的整合,如珠海—澳门—深圳滨海度假线路等,以增强市场竞争力。

(三) 都市旅游的深度体验不足,夜间旅游发展滞后

粤港澳大湾区的都市旅游具有较强的竞争力,广州、深圳、香港均是国际级都市旅游目的地,拥有丰富的购物、餐饮、商务会展、文化演艺资源。然而,当前都市旅游的体验深度仍显不足,尤其在夜间旅游发展方面,与其他国际化大都市相比仍有一定差距。夜间旅游是衡量一个城市旅游活力的重要指标,例如纽约、东京等城市均形成了成熟的夜间旅游市场,包括深夜餐饮、文化演艺、夜游景区等多种业态,而粤港澳大湾区的大部分城市在夜间旅游方面仍处于起步阶段。

以广州为例,虽然珠江夜游、广州塔灯光秀等项目已成为城市夜间旅游的重要组成部分,但整体而言,广州的夜间文化演艺市场尚未成熟,缺乏标志性的夜间文化体验项目。相比之下,上海的外滩、东京的新宿、伦敦的西区剧院等,都形成了成熟的夜间文化演艺市场,而粤港澳大湾区目前尚未打造类似的品牌化夜间文化项目。此外,深圳、珠海等地的夜间旅游主要依赖餐饮消费,缺乏具有吸引力的夜间主题公园、沉浸式演出等体验型产品。

未来,粤澳需要进一步提升夜间旅游的发展水平,打造大型的沉浸式文化演艺项目,如澳门可以结合葡萄牙文化推出夜间历史剧演出活动,广州可以开

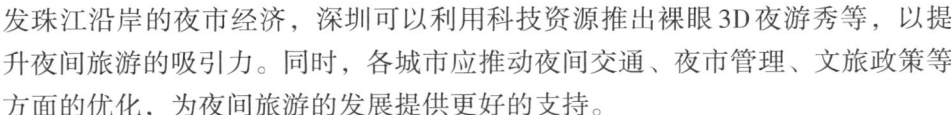

发珠江沿岸的夜市经济，深圳可以利用科技资源推出裸眼3D夜游秀等，以提升夜间旅游的吸引力。同时，各城市应推动夜间交通、夜市管理、文旅政策等方面的优化，为夜间旅游的发展提供更好的支持。

粤澳旅游产业在融合和发展过程中，面临产业结构失衡、资源整合受限、产品创新不足等挑战。优化政策协同机制、加强旅游资源整合、推动旅游产品创新，将成为下一步粤澳旅游产业高质量发展的关键。

第二节　跨区域管理体制的挑战

粤港澳大湾区作为全球最具活力的经济区域之一，其旅游产业的发展受益于区域经济一体化的政策红利。然而，由于粤港澳在行政管理体系、法律法规、市场准入、税收政策等方面存在较大差异，旅游产业的跨区域协调管理面临诸多挑战。这些管理体制上的壁垒不仅影响了旅游资源的共享和游客流动的便利性，而且制约了旅游市场的一体化发展，使得粤港澳大湾区难以充分发挥世界级旅游目的地的潜力。

一、政策、法律与管理体制协调困难

（一）旅游政策的不一致性影响区域协同

在国家战略的指导下，广东、香港、澳门均出台了一系列促进旅游产业协同发展的政策。例如，《粤港澳大湾区发展规划纲要》提出要打造国际一流旅游目的地，《澳门特别行政区经济适度多元发展规划（2024—2028年）》强调以"旅游＋"模式推动产业升级，《香港旅游业发展蓝图2.0》进一步提出了将香港打造为亚洲旅游枢纽的目标。尽管这些政策在方向上具有协同效应，但由于政策执行层面缺乏有效的对接机制，在实际操作过程中仍然存在协调难度。例如，澳门大力发展休闲旅游，而香港则更倾向于发展商务旅游和购物旅游，这种战略上的分化使得两地在产品定位和客源市场开发上缺乏合力。

此外，各地政府在跨境旅游推广、联合营销、财政补贴等方面也存在政策壁垒。例如，澳门特别行政区政府设立了旅游产业专项基金，为旅游产业从业者提供财政补贴，而广东省的旅游扶持政策主要针对来自国内城市的游客，导致跨境旅游项目的联合开发面临资金匹配问题。此外，由于各地政府财政管理方式不同，对旅游产业的补贴力度和方式也存在差异。

（二）制度差异阻碍旅游市场的深度融合

粤澳两地因"一国两制"框架下的制度差异，在旅游产业监管、企业经营、游客权益保障等方面存在显著区别。例如，在澳门，旅游产业受《旅行社业务及导游职业法》管理，其中有涉及酒店、导游服务等方面的法律规定，而在广东，旅游企业的经营需要遵守旅游法及地方规章制度，这导致两地的旅游企业在准入、税收、经营管理等方面存在法律冲突。

旅游行业的监管模式在不同地区存在较大差异。以澳门和广东为例，两地对旅游相关产业的管理政策各有特点。澳门对部分特殊旅游行业实行严格的准入和监管制度，而广东在文化旅游产业的管理上则相对灵活，但在跨境旅游推广方面仍设有一定规范。这种政策差异使得澳门旅游企业在拓展内地市场时，需要适应不同的法规要求，从而增加了运营成本和风险。

同时，由于制度和管理机制的不同，游客在跨境旅游过程中可能面临权益保障方面的问题。目前，针对跨境旅游纠纷的协调处理机制尚待完善，这在一定程度上影响了游客的消费体验和信心。因此，推动两地旅游监管政策的协调对接，建立更高效的跨境旅游权益保障机制，对于促进区域旅游产业一体化发展具有重要意义。

（三）市场监管的分歧影响行业规范发展

由于各地在旅游市场监管方面的体系和标准不同，旅游市场的公平竞争受到一定影响。例如，澳门的旅游企业在注册和运营过程中须接受政府严格审批，而广东的旅游市场较为开放，企业注册相对便利。此外，在旅游产品定价、导游服务标准、酒店等级评定等方面，各地存在不同的行业规范，这使得粤澳两地旅游企业在跨境运营中面临适应困难。

二、跨区域合作中的利益冲突与协商困难

粤澳旅游产业的一体化发展涉及政府、企业、行业协会、投资者等多个利益相关方。各方的利益诉求不同，在旅游资源分配、市场准入、税收政策等方面存在一定的冲突，影响了区域旅游合作的深入推进。此外，由于粤澳在经济发展水平、旅游产业结构、政策目标等方面存在差异，跨区域的协商机制尚未完全建立，一些合作项目推进缓慢。

（一）旅游资源开发中的利益分配问题

粤澳旅游合作的核心问题之一是旅游资源的利益分配。澳门作为国际知名的旅游城市，长期以来以高端度假旅游为主要支柱，而广东省内的珠海、广州、深圳等城市则在文化旅游、商务会展、生态旅游等方面具有优势。珠海的横琴国际休闲旅游岛正在积极引入高端酒店和娱乐项目，而澳门则希望保持在高端旅游市场上的主导地位，两者在市场定位和游客吸引力上存在一定的竞争关系。

此外，在跨境旅游线路的开发过程中，各地难以就部分合作模式达成共识。例如，澳门希望更多游客能够在澳门停留更长时间，而广东则希望通过联合营销吸引游客从澳门进入广东的旅游市场。这种利益诉求的分歧，使得部分跨境旅游合作项目的推进面临一定阻力。

（二）缺乏统一的协商机制

目前，粤澳虽然在政府层面建立了旅游合作机制，但仍然缺乏一个高效的、权威的跨区域旅游管理平台。部分合作项目缺乏明确的执行主体和责任分工，导致项目推进缓慢。例如，粤澳在横琴国际休闲旅游岛的开发过程中提出了"粤澳共建"的理念，但在具体细节上，两地仍然在土地规划、投资政策、旅游资源管理等方面存在分歧，做出了多次协商。

未来，粤澳旅游产业一体化的发展需要两地进一步优化跨区域的管理体制，建立高效的合作机制，统筹跨境旅游市场的规划、投资、监管等事务。此外，可以借鉴欧盟的跨境合作模式，通过建立旅游行业的统一标准，

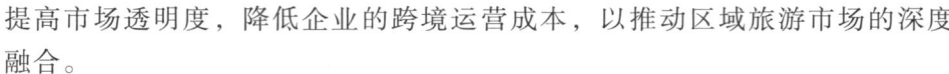

提高市场透明度，降低企业的跨境运营成本，以推动区域旅游市场的深度融合。

第三节　旅游基础设施与交通网络优化方面的挑战

粤港澳大湾区作为全球最具竞争力的旅游目的地之一，其旅游产业的发展高度依赖完善的基础设施和高效的交通网络。根据新经济地理学理论，旅游经济的增长与基础设施的发展密切相关，而区域经济一体化程度越高，对交通设施互联互通的要求就越高。粤港澳大湾区作为中国经济最发达的区域之一，其旅游基础设施和交通网络在全国乃至全球范围内都处于领先水平。然而，随着区域旅游产业一体化的深入推进，基础设施与交通网络在提升通达性、优化资源配置、改善游客体验等方面仍然面临诸多挑战。如何通过合理规划和高效管理，提升交通基础设施对旅游市场的支撑能力，已经成为粤澳区域经济一体化背景下亟待解决的核心问题之一。

一、跨境交通便利性不足

跨境交通的便利性是粤澳旅游产业一体化的重要支撑，也是衡量区域旅游产业协同发展程度的关键指标。然而，尽管粤港澳大湾区已经建立起由高铁、跨境大桥、国际机场群、城际轨道等多层次交通体系构成的立体化网络，游客的跨境出行仍然受到一系列制度性、政策性、基础设施衔接等因素的制约，影响了出行效率和旅游体验。

跨境交通便利化不仅仅是基础设施的建设问题，更涉及政策协调、资源整合、空间匹配等多个层面。因此，粤澳旅游产业的发展急需通过系统性的交通优化措施来提升游客跨境流动的便利程度，以促进旅游市场的深度融合。

（一）出入境通关流程复杂，影响游客跨境体验

目前，粤澳之间的出入境管理仍然存在较大的优化空间，尤其是在节假日等游客往来高峰期，通关手续和检查成为跨境旅游体验的重要制约因素。尽管

港珠澳大桥、广深港高铁等跨境交通基础设施已投入使用，但通关环节仍然较为复杂。由于粤澳两地的出入境管理系统存在差异，游客在跨境时仍需经过身份验证、行李检查、海关申报等多个环节，导致整体通关时间较长。在旅游旺季，激增的客流可能导致排队时间延长，即使设施先进，实际通关时间仍可能较长。游客付出的时间成本显然影响了粤澳旅游市场的整体竞争力。

此外，现行的出入境政策对短期游客和跨境通勤者出行的便利性也存在一定的限制。例如，虽然澳门与珠海实施了一定程度的通关便利化措施，但游客仍需办理往来港澳通行证，并受到签注政策的影响，且签注有效期和停留时间有限。尽管珠海与澳门之间已实施"合作查验"等措施（如横琴口岸的"一次过检"模式），但证件要求并未取消，游客仍需提前办理签注。

为进一步提升通关效率，粤澳未来可以通过优化"合作查验、一次放行"模式，减少重复检查环节。例如，港珠澳大桥珠海口岸已经采用"一地两检"模式，大幅提高了通关效率，未来可以在更多的跨境口岸推广类似措施。此外，粤澳可借鉴欧盟、北美自由贸易区等的经验，逐步推动出入境管理一体化，探索更为高效的电子身份验证和无纸化通关模式，以降低人工审核的时间成本。

（二）跨境交通衔接不畅，影响游客出行效率

尽管粤港澳大湾区的高铁、城际铁路、地铁、公交等基础设施已经比较成熟，但跨境交通方式之间的无缝衔接仍然存在较大的改进空间。目前，大部分跨境交通的衔接仍然依赖"换乘模式"，即游客需要在不同的交通工具之间多次换乘，增加了时间成本，导致旅行体验不佳。

一方面，跨境高铁与城市公共交通的换乘便利性仍需优化。例如，广深港高铁香港西九龙站尽管已与香港地铁系统进行了较好的衔接，但在广州南站、深圳北站等高铁枢纽，旅客需要额外换乘公交、出租车或地铁才能到达核心旅游区，增加了出行的不便性。此外，高铁站与城市主要旅游景区之间的直达交通工具仍然较少，例如，从深圳北站前往世界之窗、深圳欢乐谷等需要换乘，而从广州南站前往白云山、陈家祠等景区也需要换乘，这在一定程度上降低了游客的旅行效率。

另一方面，跨境巴士的运营模式仍然存在一定的局限性。目前，香港与澳门之间的直达巴士线路较少，主要依赖轮渡和港珠澳大桥穿梭巴士，而珠海至澳门的陆路交通也受到口岸通关效率的影响。在旅游高峰期，游客要乘坐港珠

澳大桥穿梭巴士，就需要经历较长的等待时间，部分路线还需要提前预约，这使得游客无法灵活安排行程。澳门与珠海、广州等地的巴士班次稀少，夜间运营的巴士班次更少，使得游客在夜间出行时需要支付更高的出租车或专车费用，增加了旅游成本。

未来，粤澳地区应加强跨境交通工具的衔接，提升换乘便利性。例如，可以在高铁站、口岸设立更多的跨境直达公交线路，实现高铁与市内交通的无缝衔接。此外，可以借鉴日本、新加坡等地的经验，引入城市通勤快线模式，即在高铁站与主要景区之间设立快线巴士，减少游客的换乘成本，提高出行效率。

（三）跨境自驾游政策受限，限制了游客的深度旅游体验

跨境自驾游被认为是促进区域旅游产业一体化发展的重要方式之一。对于自由行游客而言，如果选择跨境自驾，他们能够做出更灵活的行程安排，也更有可能进行高端旅游消费。然而，当前粤澳的跨境自驾政策尚未完全放开，导致游客自驾出行受限。

粤澳两地的驾驶规则不同，增加了跨境自驾的适应成本。澳门实行左侧行驶，而广东实行右侧行驶，这种行驶规则的不同使得不少游客在跨境自驾时需要适应。此外，澳门的城市道路较为狭窄，自驾难度大。在很多旅游景区，停车位资源紧张，停车场收费较高，使得自驾游客的体验较差。因此，目前只有部分粤港两地车牌车辆可以进入澳门，而普通游客仍然无法自由跨境自驾。

粤澳的自驾游政策存在严格的车辆牌照和通行限制。目前，跨境自驾主要依赖同时拥有粤澳两地车牌的车辆进行通行，且需要提前申请，并受限于特定的通行时间和区域。普通游客必须选择租赁服务或使用跨境接驳车辆，导致跨境自驾的灵活性受限。

为了进一步推动跨境自驾游的发展，可考虑逐步放宽跨境车辆的通行限制。例如，可以在部分区域试行短期临时通行证制度，允许符合条件的广东牌照车辆进入澳门旅游。此外，可以在粤澳边境口岸增设跨境租车服务站点，推广符合当地行驶规则的租赁车辆，降低游客的适应成本。可以优化跨境自驾的智能导航系统，提供行驶规则提醒、导航等功能，提高跨境自驾的安全性和便捷性。可以在澳门的知名景区建设跨境自驾游客专用停车场，为游客停车提供方便。还可以开通24小时粤澳自驾救援热线，协调两地拖车、保险理赔事宜。

二、区域公共交通系统的整合困境

随着粤澳旅游产业的快速发展，区域内游客的出行需求不断增长，交通的便利性和可达性成为影响旅游体验和区域竞争力的重要因素。然而，目前粤港澳大湾区的公共交通系统仍然存在整合难度，主要体现在票务系统的碎片化、公共交通网络覆盖的不均衡、跨城市交通联动机制的缺失等方面。这些问题不仅降低了游客的出行效率，而且在一定程度上限制了粤澳旅游产业一体化的深入推进。

区位理论是研究人类活动在空间上的分布及其相互关系的学说。它主要探讨经济活动的空间选择及空间内的优化组合。从区位理论视角来看，区域公共交通的整合需要考虑交通枢纽的空间分布、资源的最优配置以及不同交通方式的匹配。当前，粤澳的公共交通体系虽然发展迅速，但各城市的交通基础设施建设仍然较为独立，缺乏统一的规划和协同机制，导致游客在出行时面临较多的转换成本。因此，如何优化公共交通系统，使之更加适应粤澳区域经济一体化发展的需求，成为区域旅游产业协同发展的关键课题。

（一）票务系统缺乏一体化整合，支付便利性不足

粤港澳三地的公共交通票务体系仍然处于相对独立的状态，游客在跨城市或跨境出行时需要使用不同的支付方式，出行非常不便。目前，粤港澳主要的交通支付系统包括香港的"八达通"、澳门的"澳门通"以及广东的"岭南通"，虽然各自覆盖了本地公共交通、零售支付等多个领域，但尚未实现真正的互联互通。例如，持有"岭南通"的游客在香港和澳门无法直接刷卡乘坐公交，而澳门的"澳门通"在粤港澳大湾区其他城市的地铁和公交上也无法使用。2023年4月，"岭南通·八达通"全国交通一卡通联名卡在2023羊城通开发者大会暨"数字广州"产业发展论坛上限量首发。2024年12月，"岭南通·澳门通"全国交通一卡通联名卡限量首发。这些联名卡的发行标志着粤港澳往来用户将真正拥有"一卡在手，互通全国"的便捷体验。

近年来，粤港澳部分交通支付方式已实现兼容化，如香港和澳门的很多公共交通工具支持微信和支付宝付款，但整体的支付体系整合仍然滞后。此外，部分游客在使用移动支付时仍然受到账户注册、银行卡绑定等因素的限

制，特别是对于国际游客而言，当前的支付体系仍然缺乏统一的国际化支付接口。

相较之下，新加坡、伦敦等国际化大都市的公共交通支付系统已经实现了一体化发展。例如，新加坡的EZ-Link卡覆盖了地铁、公交、出租车，还可用于部分商店消费；而伦敦的Oyster卡更是整合了公共交通、共享单车、景区门票等多个领域。这些国际案例表明，粤港澳应加快推动"一票通"系统建设，进一步促进支付平台的兼容化，推动跨境移动支付的无缝衔接。例如，可以借鉴欧盟的"单一卡"模式，在粤港澳大湾区范围内推广可以覆盖全部公共交通系统的支付卡，或推出基于移动端的二维码支付系统，使游客可以通过一个APP完成所有公共交通的支付。

（二）公共交通网络覆盖范围不足，影响旅游景区的可达性

尽管粤港澳大湾区的公共交通网络建设已取得较大发展，但从整体来看，公共交通的覆盖范围仍然有限，特别是在旅游景区与城市枢纽之间的交通衔接仍然有优化的空间。以澳门为例，澳门虽然拥有完善的公交系统，但地铁线路仍在规划阶段，游客前往部分旅游景区时仍需依赖公交或出租车。澳门的道路较为狭窄，在旅游高峰期经常出现严重的交通拥堵，影响游客的出行体验。

在广东省内，虽然广州、深圳、佛山等核心城市的地铁和公交系统较为发达，但对于珠海、惠州、中山、江门等地的部分景区而言，公共交通覆盖范围不足的问题依然较为明显。例如，从澳门前往珠海长隆国际海洋度假区，目前主要依赖跨境巴士或出租车，导致游客在跨境后仍然需要长时间等待或换乘多种交通方式，影响了旅游的便利性。此外，从广州前往惠州的双月湾、巽寮湾等滨海度假区，很多游客仍需依赖长途汽车，这导致这些区域的旅游吸引力受到一定的限制。

在国际范围内，巴黎、新加坡等城市的公共交通网络已基本覆盖所有主要景区，这些城市还提供"观光专线"等特色服务。例如，巴黎的区域快铁与城市轨道系统无缝衔接，使游客可以快速抵达凡尔赛宫、迪士尼乐园等景区；新加坡则建设了单轨铁路"圣淘沙捷运"（Sentosa Express），直接连接市区和主要度假岛屿，极大地提升了游客出行的便利性。相较之下，粤港澳大湾区在旅游景区交通优化方面仍有较大的提升空间，未来可考虑在区域内部建设区域旅游快线，通过轨道交通、旅游巴士等加强城市核心区域与重点景区的衔接。

（三）跨城市交通联动机制欠缺，影响游客出行体验

尽管粤港澳大湾区各城市内部的公共交通体系日益完善，但跨城市交通的联动机制仍然不足，导致游客在跨城市出行时仍然面临较高的时间成本。目前，粤港澳大湾区主要城市之间的长途出行方式仍以高铁和长途巴士为主，但各城市之间的交通联通水平差异显著。例如，广州与深圳之间已实现高铁30分钟直达，交通便利性较明显。然而其他城市之间的轨道交通网络仍存在覆盖不足的问题：广州至珠海虽然开通了城轨运营线路，但运行时间较长；广州至惠州尚未实现轨道交通直达，目前主要依靠长途巴士。这些都降低了跨城市旅游的便利性。

此外，部分跨城市的公共交通系统存在换乘成本高、运行班次少等问题。例如，从深圳前往珠海，游客需要先乘坐高铁到广州南站，再换乘至珠海，这种多次换乘的模式不仅延长了旅行时间，而且限制了游客的出行体验。相比之下，欧洲的跨国高铁体系已实现了高度一体化。例如，欧洲之星（Eurostar）高速铁路连接英国伦敦、法国巴黎、比利时布鲁塞尔等主要国际交通枢纽，提供高频次、无缝衔接的跨境出行体验。

为进一步优化粤港澳大湾区的交通网络，未来应加快推进区域城际轨道交通的建设，优化旅游专线的规划。例如，可以加快广珠（澳）高铁等重要线路的建设进度，同时提升现有高铁站与市内交通的衔接效率。此外，可以探索"一票通"模式，使游客可以使用单一票务系统完成跨城市的换乘，避免重复购票，提高出行效率。

三、城市公共设施承载能力问题

"旅游环境承载力"（Tourism Environment Carrying Capacity，TECC），又称"旅游环境容量"，是表征旅游环境系统与人类经济社会活动协调程度的关键指标，既能反映旅游环境的自我组织协调能力，又能揭示旅游产业与生态环境的耦合机理。旅游环境承载力理论是评估旅游目的地可持续发展能力的重要理论框架，旨在量化旅游活动与生态环境、社会文化、设施服务之间的动态平衡关系。根据旅游环境承载力理论，旅游目的地的可持续发展依赖基础设施、公共服务、环境容量等多方面因素的协调，而过度开发和游客数量激增可能会导致公共设施过载，影响城市居民和游客的体验。

粤港澳大湾区旅游产业的快速发展为区域经济带来了巨大的机遇，同时也对城市公共设施的承载能力提出了严峻的挑战。当前，粤澳两地在旅游高峰期面临着景区超载、城市基础设施压力增加、环境保护与资源消耗等多重问题，制约了旅游产业的可持续发展。

粤港澳大湾区的核心城市（如广州、深圳、香港、澳门）因其经济与服务功能的集中性，在城市公共设施的承载力方面面临更大的挑战。这些城市作为区域内的旅游流量中心，每年接待大量国内外游客，特别是在节假日、国际性展会及重大节庆活动期间，游客数量大幅增长，城市的交通、住宿、医疗、环境卫生等基础设施面临巨大压力。相较之下，珠海、佛山、惠州等地虽然拥有丰富的旅游资源，但由于公共服务设施的相对不足，在游客分流方面的作用仍然有限。

（一）旅游热点地区公共基础设施超载问题

粤港澳大湾区部分旅游热点地区的公共基础设施承载能力已接近饱和状态，特别是在澳门、香港和广州，旅游高峰期的游客数量远超城市的可承载能力，导致基础设施过载、交通拥堵加剧、公共资源紧张等问题。以澳门为例，作为全球最受欢迎的旅游目的地之一，澳门的土地面积仅33.3平方千米，却需要接待远超本地居民数量的游客。统计数据显示，2025年第一季度末，澳门总人口为68.79万人。2024年入境澳门的旅客达3493.2万人次，同比上升23.6%。其中，内地旅客2448.2万人次，占比达70.1%，同比增长28.6%。[①]在节假日期间，如春节、国庆节等，澳门的核心旅游区域（如大三巴牌坊、妈阁庙、议事亭前地等）往往人潮汹涌，游客体验不佳，加重了城市基础设施的负荷。

类似的情况也发生在香港。香港作为国际化大都市，其旅游产业高度依赖外部客流，但由于本地土地资源有限，城市公共交通、酒店住宿、餐饮服务等基础设施在旅游高峰期难以承受大规模游客的流入。

广州、深圳等粤港澳大湾区核心城市在国际会展、体育赛事等活动期间同样在公共基础设施方面面临巨大的压力。例如，2023年广州国际灯光节期间，天河CBD区域的酒店入住率一度超过95%，部分商业区的餐饮、购物中心人

---

① 2024年入境澳门旅客近3500万人次 内地旅客占七成[EB/OL]. [2025-01-02]. https://news.cctv.com/2025/01/02/ARTI1xDNYANBiJxIX0kOOEEP250102.shtml.

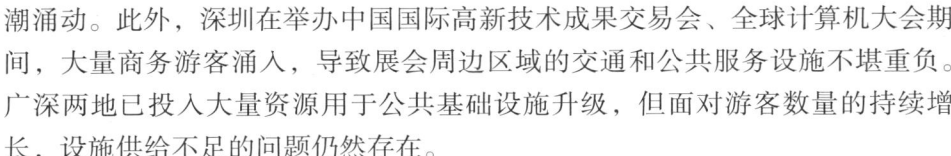

潮涌动。此外，深圳在举办中国国际高新技术成果交易会、全球计算机大会期间，大量商务游客涌入，导致展会周边区域的交通和公共服务设施不堪重负。广深两地已投入大量资源用于公共基础设施升级，但面对游客数量的持续增长，设施供给不足的问题仍然存在。

（二）旅游高峰期城市公共服务资源短缺

随着粤澳旅游市场的快速扩张，城市公共服务资源在旅游旺季的供需矛盾日益突出，尤其是在医疗、住宿、环境卫生等领域，公共服务供给能力存在较大的瓶颈。以住宿资源为例，粤港澳大湾区的核心旅游城市虽然拥有较完善的酒店和短租市场，但在国庆节假期、国际展会等旅游高峰期，酒店入住率经常接近饱和，甚至出现少数酒店价格暴涨的情况。例如，2023年国庆假期期间，澳门五星级酒店的平均入住率超过98%，部分豪华酒店的房价上涨50%以上，导致一些游客不得不选择更远的住宿地点，增加了出行成本和时间成本。

公共医疗资源的承载能力也是旅游城市面临的重要挑战之一。近年来，粤港澳大湾区的部分高端医疗机构吸引了大量健康旅游客群。然而，在旅游高峰期，部分医院的急诊科、药房、体检中心等医疗服务机构面临超负荷运营的情况，相当一部分是因旅游意外或疾病而就医的外地游客。

此外，环境卫生服务也是粤港澳大湾区旅游产业面临的重要问题之一。由于游客流量的增加，部分热门景区的垃圾处理、公共厕所、饮用水供应等公共服务的承载能力难以满足需求。例如，深圳的大梅沙和珠海的东澳岛等滨海旅游景区在旅游旺季期间，每天接待数万名游客，但垃圾清理和厕所维护等配套服务未能跟上游客增长的速度，导致游客体验不佳。为了解决这一问题，部分景区不得不采取限流措施，如2023年深圳大梅沙景区在夏季旺季期间每日限流5万人，以减少公共设施的负荷。

（三）旅游产业对生态资源造成的压力

粤港澳大湾区的部分滨海旅游景区近年来因游客数量增长而面临严重的生态环境压力。例如，珠海的东澳岛近年来旅游产业快速发展，导致当地的淡水资源短缺，岛上的生态环境受到了影响。而在深圳的大鹏半岛，由于露营、自驾游的流行，大量游客在景区内搭建帐篷、举办户外烧烤活动，导致植被破坏、生活垃圾激增。深圳市政府已采取一定的环境保护措施，如增加垃圾清理频率、禁止在部分区域露营等，但仍难以完全缓解生态压力。

第四节　旅游市场的可持续发展问题

粤港澳大湾区作为中国乃至全球最具活力的旅游市场之一，在推动经济增长、促进区域融合和提升国际影响力方面发挥着重要作用。然而，随着全球经济环境的变化、区域旅游市场竞争的加剧以及消费者需求的不断升级，该地区的旅游市场可持续发展面临一系列挑战。

旅游经济韧性理论强调旅游系统的动态调整能力和转型能力，是旅游经济学与韧性理论（Resilience Theory）的交叉研究领域。根据旅游经济韧性理论，旅游市场的健康发展依赖稳定的市场结构、灵活的经济调整机制以及高质量的服务体系。然而，粤港澳大湾区当前的旅游市场仍然面临旅游经济韧性不足、市场波动性大、旅游服务质量参差不齐等问题，制约了区域旅游产业的可持续发展。

一、旅游经济韧性不足

旅游经济韧性是指旅游目的地或旅游产业在面对外部冲击（如自然灾害、经济危机、公共卫生事件等）时，能够抵抗、适应并恢复的能力，同时保持长期可持续发展的潜力。粤港澳大湾区作为一个高度开放的旅游市场，在全球经济不确定性加剧的背景下，暴露出了旅游经济韧性不足的问题，主要表现为过度依赖特定市场、产业结构单一以及区域间的协同机制不足。

首先，澳门的旅游产业结构比较单一，旅游产业收入过度集中于单一领域，导致其抵御外部冲击的能力较弱。这种产业结构使得澳门旅游经济在面对国际经济周期波动、区域政策调整等外部变化时，缺乏足够的缓冲空间和应变能力。相比之下，香港、深圳等通过大力发展都市观光、主题乐园等多元化旅游产品，构建起了多层次的消费体系。当外部环境变化导致某类客源市场收缩时，这些城市能够迅速激活本地及周边地区游客的消费需求，通过差异化旅游

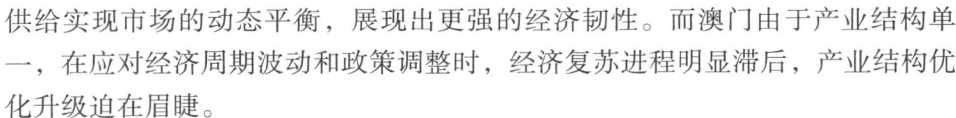

供给实现市场的动态平衡，展现出更强的经济韧性。而澳门由于产业结构单一，在应对经济周期波动和政策调整时，经济复苏进程明显滞后，产业结构优化升级迫在眉睫。

其次，粤港澳大湾区部分城市的旅游经济模式仍然偏向传统观光型，缺乏足够的产业融合。尽管广州、深圳、珠海等地的旅游产业涵盖商务会展、文化体验、滨海度假等多种类型，但各地的产业特色仍未形成有效的互补。例如，深圳和珠海在滨海度假市场上存在竞争，广州和香港的文化旅游产品较为雷同。根据区域增长极理论，如果区域内旅游经济缺乏产业分工和互补性，就难以形成稳定的增长结构，在外部冲击下容易出现集体下滑的情况。

最后，区域旅游市场在跨境合作和政策协调方面仍存在不足，影响整体的经济韧性。尽管粤港澳大湾区已经建立了多个合作机制，如粤澳合作建设旅游示范区、粤港联合推广旅游产品等，但在市场协调、产业互补、危机应对等方面仍未形成高度协同。因此，提高区域旅游经济韧性，需要进一步提升产业协同能力，并建立更具弹性的危机应对机制。

二、市场波动性大

旅游地生命周期理论是研究旅游地从兴起至衰退（或复苏）演变过程及规律的理论，是旅游规划与管理领域的重要理论基础。根据旅游地生命周期理论，旅游产业属于高度敏感的行业，容易受到宏观经济政策、社会事件等因素的影响。

首先，粤港澳大湾区的旅游产业高度依赖国际市场，外部环境变化对其影响较大。香港和澳门作为全球知名的旅游目的地，每年接待大量海外游客，特别是来自东南亚、欧美及日韩的游客。然而，全球经济波动、航班限制等因素都会对其产生显著影响。例如，2022年，因全球航班缩减及签证政策调整，香港和澳门接待的国际游客数量大幅下降，两地的旅游市场在短期内出现较大幅度的下滑。

其次，粤港澳大湾区的客源市场结构仍不稳定，受政策和消费趋势变化影响较大。近年来，广州、深圳等地积极推动文旅融合，吸引国内游客，但整体客源市场仍然以短途游为主，游客停留时间较短，难以释放消费潜力。受经济周期影响，近几年，粤港澳大湾区的商务会展旅游出现需求下降的态势，相关城市的酒店、餐饮、交通等行业也受到了影响。

最后，政府政策的不确定性也是导致旅游市场波动性大的重要因素。部分城市的景区限流政策、酒店客房市场价格规范等措施，可能对市场供需关系产生短期影响，增加市场的不稳定性。

三、旅游服务质量参差不齐

旅游服务质量是影响粤港澳大湾区旅游产业可持续发展的核心要素之一。根据服务质量理论[①]，旅游产业的核心竞争力不仅依赖资源和设施，而且取决于游客对服务的整体感知。然而，粤港澳大湾区的部分旅游目的地仍然存在服务标准不一、消费体验参差不齐等问题，影响游客满意度，不利于市场竞争力的提升。

不同城市的旅游服务标准尚未完全统一，导致游客在跨区域旅行时可能面临体验不一致的问题。例如，香港、澳门的酒店、餐饮和导游服务普遍采用国际化标准，以提升对国际游客的吸引力，但在广东，很多城市的旅游服务仍面向国际市场，缺乏统一的标准。例如，部分国际游客反映在广州和深圳的部分景区，外语导览和支付方式不够便捷，影响了国际游客的出行体验。此外，澳门的高端休闲所服务较为成熟，但游客聚集的许多其他场所服务标准存在较大差距，部分文化旅游景区的导游服务仍以普通话和粤语为主，难以满足国际游客的需求。

部分旅游产品的消费体验不佳，影响游客复购率。例如，粤港澳大湾区部分热门景区的票价较高，但配套服务不足，游客投诉较多。根据《粤港澳大湾区旅游业发展报告（2023）》，部分游客对深圳欢乐谷、珠海长隆国际海洋度假区等景区的服务投诉较多，主要表现为排队时间长、设施维护不足、餐饮服务水平不佳等。此外，少数购物旅游目的地仍存在虚假折扣等现象，影响游客的消费体验。

未来，粤港澳大湾区需要进一步提升旅游服务质量，促进服务标准化，并优化游客的整体消费体验，以确保旅游市场的长期可持续发展。

---

① 服务质量理论是服务管理领域的核心理论，研究如何衡量、管理和提升服务供给的质量，以满足或超越顾客期望。该理论强调顾客感知的服务与期望之间的差距，并为企业优化服务提供系统性框架。

第五章
粤澳区域经济一体化背景下旅游产业优化路径

粤澳区域经济一体化背景下的旅游产业优化路径，是推动区域经济协同发展、促进资源高效配置、提升市场竞争力的关键环节。本章将结合区域增长极理论、中心地理论、空间生产理论等理论框架，从政策协同、产业升级、交通互联、市场创新、智慧旅游、可持续发展等方面，探讨粤澳如何在区域经济一体化进程中构建高效协同的旅游产业体系。

第一节　粤澳旅游产业一体化的总体战略方向

粤澳旅游产业一体化的推进是粤港澳大湾区整体发展战略的重要组成部分，在区域经济一体化进程中扮演着关键角色。从区域协调发展理论的角度来看，粤澳旅游产业优化路径应围绕政策协同、资源互补、市场联通、基础设施对接等方面进行系统性规划，以提升区域内资源配置的效率，促进区域旅游产业的协调发展。同时，通过区域增长极理论，确立澳门作为区域高端旅游的核心增长极，以其独特的国际化旅游市场优势带动区域其他城市实现协同发展。基于中心地理论，进一步明确粤澳各城市在区域旅游产业体系中的功能定位，构建多层次、多元化的旅游产业体系，促进资源的高效流动和市场的良性竞争。

一、政策协同深化与旅游市场一体化

旅游产业的一体化发展离不开政策的协同。区域政策的协调能够消除行政壁垒，优化资源配置，提高旅游市场的整合程度。欧盟的经验值得参考。欧盟通过单一市场政策和申根签证政策，促进了欧洲内部的自由流动，使跨境旅游变得更加畅通，显著推动了旅游市场的一体化进程。粤澳在推进旅游市场一体化的过程中，亦可以借鉴这些经验，建立健全跨境政策协调机制，促进旅游资源的深度融合。

首先，应建立粤澳旅游政策协调平台，由两地政府及相关行业协会定期组织会议，协商并解决影响旅游产业一体化的关键问题，例如旅游签证、跨境支付、市场监管等，确保两地政策的高度一致性。澳门作为国际自由港，

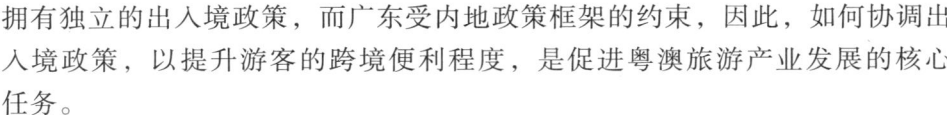

拥有独立的出入境政策，而广东受内地政策框架的约束，因此，如何协调出入境政策，以提升游客的跨境便利程度，是促进粤澳旅游产业发展的核心任务。

其次，应优化跨境旅游签证与通关政策，提升游客出入境效率。目前，粤澳之间的"一地两检"模式已在广深港高铁香港段等重要跨境交通设施上实施，但仍有较大的优化空间。例如，港珠澳大桥、横琴口岸的通关便利化水平仍有提升空间，部分游客在高峰期需要面临较长的通关等待时间。未来，粤澳可探索"旅游快速通道"制度，为短期观光游客提供更高效的通关流程，推动电子签证及生物识别通关技术的应用，进一步提升游客跨境旅行的便利程度。

此外，旅游市场监管的一体化亦是旅游产业高质量发展的关键。粤澳两地在旅游产业的市场规范、企业资质认证、消费保障机制等方面仍存在较大的差异。例如，澳门的文化旅游、国际会展旅游市场管理体系较为成熟，而广东省部分城市的旅游市场尚需进一步规范。未来，粤澳应加强市场监管协作，统一导游资格认证标准、星级酒店评定标准，并建立跨境旅游投诉受理和处理机制，确保游客的合法权益得到有效保护。

二、资源整合与跨境旅游产品联合开发

粤澳旅游资源丰富，但由于行政管理权限的分割，旅游资源的开发模式长期以来较为零散，难以形成强有力的区域旅游品牌。从区域增长极理论的视角来看，澳门在高端旅游市场的国际影响力有助于带动整个粤港澳大湾区旅游产业的发展，而广东省内的多个旅游资源丰富的城市应加强合作，形成"一程多站"的跨境旅游模式，提升区域整体的吸引力。

在具体实践中，粤澳可以借鉴欧盟的"欧洲文化之都"项目，通过打造联合品牌的方式，提升区域旅游产业的整体竞争力。例如，粤澳可以共同策划"粤澳国际文化旅游年"，以粤港澳大湾区文化、海洋风光、都市生活、历史遗产为核心元素，打造贯穿全年的系列节庆活动和跨境旅游产品，使游客在粤澳不同城市都能拥有深度旅游体验。

此外，应推动旅游产品体系的深度融合，实现特色化、差异化发展。广州依托丰富的人文资源，可进一步发展岭南文化游与都市休闲游；深圳可以依托其科技创新能力，打造科技主题旅游产品；珠海可以借助横琴粤澳深度合作区的发展机遇，构建"澳门＋横琴"旅游度假区，吸引高端游客群体；佛山、惠

州等城市则可以利用其独特的非物质文化遗产资源，推出文化体验游，增强粤澳旅游市场的多样性。

三、产业升级与创新驱动

旅游产业的发展不仅依赖资源和市场规模，而且取决于产业的创新能力。从新经济地理学理论的角度来看，产业的集聚效应能够提高区域内企业的竞争力，增强区域整体的创新能力。因此，粤澳不仅要整合现有资源，而且需要推动产业升级，提升旅游产品的附加值，促进旅游与相关产业的融合发展。

未来，粤澳应重点发展文化旅游、科技旅游、健康旅游、会展经济等高附加值业态，推动旅游产业的转型升级。例如，澳门可以进一步强化其作为国际会展旅游目的地的定位，推动会展经济与高端旅游的深度结合；深圳、广州等城市则可以利用其强大的科技创新优势，发展数字文旅、元宇宙旅游等新兴旅游形式，提升粤澳旅游市场的创新力和吸引力。

此外，粤澳可联合开发跨境夜间旅游产品，依托澳门的夜经济体系和广东省的滨海夜游资源，推出"粤澳夜游"品牌，吸引更多游客延长在粤澳的停留时间，增加旅游消费总量。

四、交通互联互通与发展智慧旅游

交通网络的互联互通是旅游产业一体化的基础。从中心地理论的角度来看，粤澳区域内主要旅游城市之间的交通可达性，直接影响游客流动的便利性及区域旅游资源的整体竞争力。当前，广深港高铁、港珠澳大桥等跨境交通设施已经建成，但粤澳旅游交通网络仍有优化空间。例如，澳门与珠海的城际轨道建设进展缓慢，限制了跨境旅游客流的增长。未来，粤澳应加快跨境轨道交通规划，如推动"澳门—珠海—广州"高铁项目建设，实现跨境城际轨道交通的无缝衔接，提高游客出行效率。

智慧旅游的发展同样是粤澳旅游产业升级的重要方向。智慧景区、智能导览等智慧旅游产品能够显著优化游客的跨境旅游体验。未来，粤澳应共建大数据共享平台，实现游客流量监测、消费行为分析及精准营销，推动区域旅游市场的数字化转型。

第二节　粤澳区域旅游产业优化路径

广东省作为中国旅游大省，在旅游产业发展中扮演着举足轻重的角色。在粤澳区域经济一体化概念中，"粤"不仅包括粤港澳大湾区的广州、深圳、珠海、佛山、东莞、惠州、中山、江门、肇庆等城市，而且涵盖粤东（汕头、潮州、揭阳、汕尾）、粤西（湛江、茂名、阳江）、粤北（韶关、清远、云浮、梅州、河源）等地区。这些城市拥有丰富的文化遗产、自然景观和多样化的旅游业态，但在产业联动、市场整合、基础设施衔接等方面仍存在较大的优化空间。因此，广东省的旅游产业优化核心在于强化区域协同，形成多层次、多元化的旅游产业体系，提高整体竞争力，最终与澳门实现更紧密的旅游产业融合。

从区域协调发展理论的角度来看，广东省需要推动跨区域旅游产业协同发展，缩小各地发展差距，提升区域整体旅游市场的竞争力。需要明确广州、深圳、珠海等核心城市在旅游产业体系中的引领作用，并带动粤东、粤西、粤北旅游产业的发展。此外，结合区域增长极理论，可以确立粤港澳大湾区的核心城市（如广州、深圳、珠海）作为旅游产业增长极，并通过资源联动效应辐射带动周边城市旅游产业的发展。

一、推动粤澳旅游市场一体化

粤澳旅游市场一体化的推进是粤港澳大湾区建设的重要组成部分，也是提升区域旅游产业竞争力的关键举措。尽管粤澳两地在政策层面已经形成了一定程度的融合，但在市场监管、旅游服务标准、票务系统、支付体系、通关便利性等方面仍然存在较大的优化空间，影响了游客的跨境旅游体验，同时也在一定程度上制约了两地旅游产业的深度融合。未来，需要在政府协同治理、政策优化、旅游服务标准化以及市场机制完善等方面进行深入改革，以打造更加紧密的跨境旅游经济圈，提升区域旅游产业的国际竞争力。

从区域经济一体化理论的角度来看，粤澳旅游市场的一体化进程不仅涉及市场的开放，而且需要在法律法规、政策标准、基础设施等方面进行协调，使市场要素可以更加自由地流动，提高资源的配置效率。区域经济一体化理论认为，旅游市场的整合需要降低交易成本，提高服务标准的一致性，同时确保市场竞争的公平性和透明度，以构建更为高效和可持续的区域旅游市场。因此，粤澳旅游市场一体化的推进，需要从政策协同、市场联通、标准统一等方面着手，以促进跨境旅游的无缝衔接，为游客提供更便捷、更优质的旅游体验。

首先，应建立粤澳旅游产业合作平台，以实现高效的跨境旅游市场治理。粤澳两地可以借鉴欧盟单一市场的成功经验，设立粤澳旅游产业合作委员会等部门，专门负责协调区域旅游市场的准入标准、行业规范、投资合作、税收政策、市场竞争等方面的规则制定和执行。粤澳旅游产业合作平台不仅应涵盖政府机构，而且应包括旅游协会、旅行社、酒店集团、航空公司等多个市场主体，通过定期对话和政策协调，确保粤澳旅游市场的规范化和标准化发展，消除市场壁垒，提高政策执行的效率。同时，粤澳旅游产业合作平台还可以推动两地旅游企业联合开发跨境旅游产品，如高端度假酒店、邮轮旅游、文化创意产业等，实现资源互补，提高旅游产业的整体附加值。

其次，优化跨境旅游签证政策，提高通关便利程度，是提升粤澳旅游市场一体化水平的重要举措。目前，粤澳已在部分口岸实施"一地两检"模式，极大地提高了跨境通行的效率，但对于国际游客而言，粤澳旅游签证体系仍然存在较多限制，使得游客在跨境时需要经历烦琐的签证申请和通关手续，影响了跨境游的便利程度。未来，粤澳可以借鉴欧盟的申根签证政策，探索"粤澳旅游电子签"模式，允许国际游客在线申请短期跨境旅游签证，使其能够在粤澳区域内自由旅行。这种电子签证系统可以与现有的 144 小时过境免签政策对接，允许短期入境游客自由往返粤澳，从而提升区域旅游市场的吸引力。同时，可在澳门国际机场或珠海金湾国际机场设立粤澳联合旅游签证办理中心，使落地游客能够直接获得允许在规定时间内自由出入澳门及广东主要旅游城市的签证，减少入境手续，提高跨境旅游的便利程度。

此外，粤澳旅游市场的一体化还需要推进旅游服务标准的统一，以提升游客的跨境旅游体验。目前，粤澳两地的旅游服务标准存在较大的差异。例如，澳门的五星级酒店评定标准较为严格，与广东省的评定标准存在差异，导致部分国际游客对粤澳的酒店服务质量存有疑虑。同时，澳门导游需要持有澳门特别行政区政府颁发的导游工作证，而广东省的导游资格认证体系与澳门不兼容，导致导游无法在粤澳自由执业，限制了优秀导游人才的流动。为了消除这些差异，粤澳应共同制定旅游服务标准体系，推动酒店等级评定标准的统一，

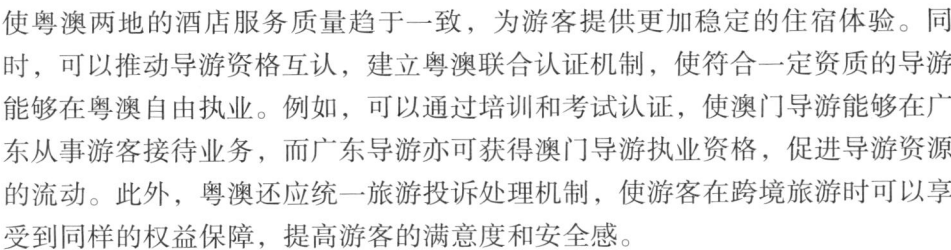

使粤澳两地的酒店服务质量趋于一致，为游客提供更加稳定的住宿体验。同时，可以推动导游资格互认，建立粤澳联合认证机制，使符合一定资质的导游能够在粤澳自由执业。例如，可以通过培训和考试认证，使澳门导游能够在广东从事游客接待业务，而广东导游亦可获得澳门导游执业资格，促进导游资源的流动。此外，粤澳还应统一旅游投诉处理机制，使游客在跨境旅游时可以享受到同样的权益保障，提高游客的满意度和安全感。

在旅游消费便利性方面，粤澳两地的支付体系也需要进一步优化。目前，尽管澳门与广东在移动支付上已有一定程度的兼容性，但少数澳门商户仍然不支持微信支付、支付宝等内地常用的支付方式，影响了游客的支付便利性。未来，粤澳应进一步推动两地支付方式的兼容性，使澳门的旅游场所都能够支持支付宝、微信支付、云闪付等支付方式，同时鼓励广东的高端酒店、购物中心等接受澳门元支付，以减少游客因支付方式不同而面临的不便。此外，粤澳还可以推广统一的旅游电子支付平台，使游客可以通过一个账户完成在粤澳两地的住宿、交通、景区门票、购物等消费，提高跨境旅游的便利性。

除了服务标准的优化，粤澳还可以利用数字化技术，打造智慧旅游服务平台，以提升跨境旅游的智能化水平。该平台可以整合粤澳两地的旅游资源，具备智能导览、景区介绍、实时交通信息、游客流量预测等功能。例如，可以在粤澳主要旅游景区部署多语言智能导览系统，提供个性化的旅游路线推荐，帮助游客更高效地安排行程。同时，智慧旅游服务平台还可以整合旅游大数据，对游客的消费行为和出行习惯，以及景区流量等进行分析，为政府和企业提供精准的市场信息，从而优化旅游供给，提高旅游服务的精准度和个性化程度。此外，智慧旅游服务平台还可以与电子支付系统、酒店预订系统、跨境交通平台无缝对接，使游客能够利用一个平台完成所有的旅游安排，提高旅游体验的便利性和流畅性。

在旅游品牌推广方面，粤澳还应加强联合营销，打造区域旅游品牌，提高国际市场的认知度。目前，粤澳旅游品牌的推广仍然较为分散，广东主要依赖个别城市的宣传，而澳门的旅游宣传则主要关注休闲旅游和世界文化遗产。未来，粤澳可以借鉴欧盟的品牌推广经验，打造"大湾区国际旅游目的地"整体形象，并在全球范围内进行联合营销。例如，可以定期举办"大湾区文化旅游节""大湾区美食节"等活动，吸引国际游客关注粤澳旅游市场，提高区域旅游的全球影响力。此外，粤澳可以联合开展旅游宣传片制作、社交媒体营销、旅游博览会推广等活动，以提升区域旅游的品牌认知度，提高国际游客的到访率。

总之,粤澳旅游市场的一体化推进,将进一步强化粤港澳大湾区的旅游产业协同效应,为区域经济增长提供强劲动力。通过建立粤澳旅游产业合作平台、优化跨境旅游签证政策、推进旅游服务标准一体化、提升旅游消费便利性、打造智慧旅游服务平台,以及加强品牌推广等措施,粤澳旅游市场将逐步实现更高水平的融合,为全球游客提供更加便捷、高效、优质的旅游体验,同时推动粤澳旅游产业的持续升级和高质量发展。

二、促进粤澳旅游资源的协同开发

广东省旅游资源丰富,涵盖岭南文化、海洋旅游、温泉度假、森林生态、红色旅游等多种类型,具有极大的市场潜力。然而,由于各地旅游资源的统筹和开发不足,区域内旅游产品同质化程度较高,未能形成完整的旅游生态链。这种分散开发的模式使得游客的停留时间较短,旅游消费层次较低,难以充分发挥粤澳旅游资源的联动效应。因此,未来需要加快旅游资源的协同开发,推动旅游产品的深度融合,实现区域间的差异化发展,增强粤澳旅游市场的整体吸引力,提高游客的消费水平。

从区域经济一体化理论的角度来看,粤澳旅游资源的协同开发需要突破行政壁垒,提升区域内的产业协同效应,以优化资源配置,促进区域内旅游产品的互补。粤澳旅游资源的协同开发不仅要基于区域特色打造精品旅游线路,而且要借助品牌推广、产业融合等手段,形成完整的区域旅游生态体系。

(一)打造跨境旅游精品线路,推动旅游资源的协同开发

为提高粤澳旅游市场的吸引力,需要打破城市之间的行政区划限制,结合各地特色,打造高质量的跨境旅游线路。通过整合文化、生态、科技、海洋等多种旅游资源,粤澳地区能够形成互补性强的旅游产品,能够有效延长游客的停留时间,提高游客的整体消费水平。例如,在文化旅游方面,可依托广州、佛山、澳门的世界文化遗产资源,推出"文化遗产之旅",包括广州的陈家祠、南越王墓,佛山的祖庙、西樵山,以及澳门的妈阁庙、大三巴牌坊等,形成完整的文化探索线路。在科技旅游方面,依托深圳、珠海的科技创新优势,打造"科技探索之旅",引导游客参观华为、腾讯等展馆,感受粤港澳大湾区在科技创新方面拥有的优势。在生态旅游方面,可结合粤西和粤北地区的森林公园、

温泉资源，推出"绿色生态休闲之旅"，如肇庆的七星岩、清远的漂流与温泉等，使游客能够在自然景观中享受生态旅游的乐趣。

此外，粤澳应重点开发海洋旅游资源，打造"粤澳海洋风情游"，通过优化航线和邮轮旅游产品，提升区域海洋旅游的吸引力。例如，可开通"珠海—澳门—湛江"的邮轮航线，结合海上观光、海洋文化体验、高端邮轮度假等产品，使粤澳海洋旅游从单一的海滩度假模式升级为集休闲、娱乐、文化体验于一体的复合型旅游产品。同时，推动澳门与广东沿海城市（如珠海、阳江、汕尾）共同打造海上运动中心，发展帆船、冲浪等海上运动，进一步拓展粤澳海洋旅游市场。

（二）推广粤澳联合品牌，提升区域旅游市场的国际影响力

在全球旅游市场竞争日益激烈的背景下，粤澳需要打造联合品牌，以提升区域旅游的国际竞争力。借鉴欧盟的旅游品牌建设经验，粤澳可以联合推出"大湾区文化旅游年""大湾区美食节"等品牌营销活动，并在国际旅游展会中进行集中推广。例如，澳门的休闲娱乐产业非常发达，而广东的饮食文化、非物质文化遗产、乡村旅游等资源丰富，两地可共同推出"粤澳美食之旅"，将澳门的国际化饮食文化与广东的粤菜文化结合起来，打造国际游客认可的美食文化品牌。同时，可以在粤澳联合设立"国际美食体验区"，推广粤澳美食文化，吸引全球游客。

在文化品牌建设方面，可依托粤澳的非物质文化遗产资源，打造"大湾区文化遗产月"活动。通过联合推广粤剧、龙舟赛、澳门艺术节、澳门国际音乐节等文化项目，形成区域性的文化品牌，提高粤澳文化旅游的认知度。例如，可以在广州、佛山、澳门共同设立"粤剧文化体验中心"，举办粤剧表演、粤剧服饰体验等活动，让游客在沉浸式的体验中感受岭南文化的魅力。此外，澳门可以与广东共同申报世界文化遗产，将粤港澳大湾区的历史文化资源有效整合，提升国际知名度。

（三）推动旅游产业与相关产业的融合，提高旅游产业的附加值

粤澳旅游资源的协同开发不仅要关注传统旅游产品的整合，而且要推动旅游产业与相关产业的融合，以提升旅游产业的附加值，增强旅游市场的竞争

力。近年来，"文化＋旅游＋科技""文旅创意产业带"等新型旅游模式在全球范围内迅速兴起，粤澳应借鉴这些模式，推动旅游与文化、科技、制造业的深度结合。例如，可结合粤东、粤西地区的传统手工艺产业，开发"文化＋旅游＋制造"产业模式，打造文旅创意产业带，推出"非物质文化遗产体验游"，让游客深入了解广东传统文化并参与互动，如潮州木雕、佛山剪纸、广绣等。

在科技与旅游融合方面，粤澳可以依托深圳、珠海、横琴的科技优势，发展智慧旅游体验馆，利用虚拟现实、增强现实等技术打造沉浸式旅游体验品牌。例如，澳门可以建设沉浸式历史文化馆，通过虚拟现实技术再现澳门历史街区的发展脉络，让游客在数字化环境中体验澳门的历史变迁。此外，可以在粤澳主要旅游景区推广智能导览系统，利用人工智能技术和大数据分析技术，为游客提供个性化旅游推荐，提高旅游服务的质量。

粤澳还可以推动"旅游＋体育"产业融合，开发国际化体育旅游市场。例如，可以依托澳门的休闲旅游资源和广东的体育赛事资源，打造粤澳体育旅游产业链，吸引全球体育爱好者赴粤澳旅游。未来，粤澳可以联合申办国际级体育赛事，如国际龙舟赛、电子竞技赛事、马拉松赛事等，进一步提升区域旅游的国际影响力。

粤澳旅游资源的协同开发，是推动区域旅游产业一体化的重要举措，也是提升区域旅游市场竞争力的关键途径。通过打造跨境旅游精品线路，整合文化、科技、生态、海洋等多元旅游资源，粤澳可以形成完整的旅游生态体系，延长游客的停留时间，提高游客的消费水平。同时，通过推广粤澳联合品牌，提升区域旅游的国际影响力，粤澳可以进一步增强自身在全球旅游市场的竞争力。此外，推动旅游产业与科技、文化、制造等产业的融合，不仅可以拓展粤澳旅游市场，而且能提升旅游产业的附加值，促进粤澳旅游产业的可持续发展。

三、完善旅游基础设施与公共服务

粤澳旅游产业的一体化发展依赖高效的交通网络和完善的公共服务体系，因此，未来需要进一步完善基础设施建设，提高旅游服务质量，提高游客出行的便捷性和旅游体验的满意度。区域经济一体化理论强调，基础设施建设在区域经济合作中起着关键的推动作用，而旅游产业的可持续发展离不开完善的交

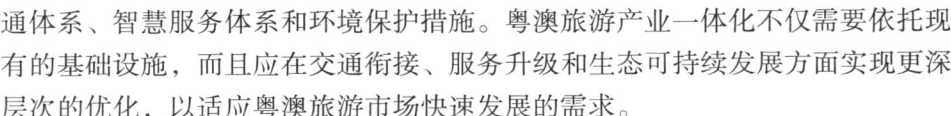

通体系、智慧服务体系和环境保护措施。粤澳旅游产业一体化不仅需要依托现有的基础设施，而且应在交通衔接、服务升级和生态可持续发展方面实现更深层次的优化，以适应粤澳旅游市场快速发展的需求。

（一）加快城际轨道交通建设，提升粤澳城市群的可达性

目前，粤澳之间的高铁、城际铁路网络仍未完全覆盖所有旅游城市，特别是在粤东的汕头、潮州和粤西的湛江、茂名等地，由于高效轨道交通的缺乏，游客往返粤澳各城市的时间成本较高，影响了粤澳旅游市场的整体联动效应。尽管广深港高铁、广珠城际铁路等已初步形成了区域轨道交通网络，但仍存在覆盖面不足、跨境交通衔接不紧密等问题。未来，应进一步加快城际轨道交通的建设，优化跨境交通基础设施，使粤澳旅游产业能够借助高效的交通系统形成完整的区域联动格局。

为突破现有交通瓶颈，粤澳可以重点推进以下几项基础设施建设。第一，加快推进深珠城际、广佛肇城际轨道项目，增强珠江三角洲核心区的互联互通能力，促进区域内旅游资源的高效整合。第二，构建"广深港–珠澳–粤西"高铁旅游专线，将广州、深圳、香港、珠海、澳门与粤西主要旅游城市（如湛江、茂名、阳江）连接起来，打造覆盖全省的高效旅游轨道交通体系。此举不仅能大幅缩短粤东、粤西、粤北地区与粤港澳核心区的时空距离，而且可以推动粤澳旅游市场的均衡发展。第三，优化跨境交通接驳体系，完善高速巴士与轨道交通的无缝衔接，重点优化广州南站、深圳北站等主要高铁枢纽的跨境巴士换乘设施，进一步提高游客的跨境通行效率。

（二）优化城市公共服务体系，推进智慧旅游设施建设

随着全球智慧旅游的发展，粤澳应加快推动旅游公共服务体系的智慧化转型，以提升游客的旅游体验。例如，广州、深圳、珠海等城市可以进一步推广智能导览系统，在主要旅游景区部署人工智能导游和多语言电子导览系统，让游客能够通过智能设备实时获取景区介绍、线路规划、行程推荐等信息。此外，可以借助大数据技术分析游客流量，实施智能分流策略，优化景区管理，缩短游客在热门景区的排队时间，提高旅游舒适度。

在城市公共服务方面，粤澳旅游市场需要更加完善的配套设施。一方面，

可以建立高效的旅游急救与跨境医疗服务体系，为有需要的游客提供及时有效的医疗服务。例如，在澳门、珠海等跨境旅游热门区域，可以设立24小时旅游急救站，为突发疾病或意外受伤的游客提供紧急医疗援助。同时，可以加强粤澳医疗机构间的合作，开通旅游医疗绿色通道，允许游客在粤澳两地享受无障碍转诊和费用结算服务。另一方面，可以优化游客服务中心的布局，在粤澳主要旅游城市和高铁站、机场、口岸等枢纽节点设立多语种旅游咨询点，为游客提供行程建议、地图导览等服务，优化游客的旅游体验。

此外，粤澳应推动建设跨境旅游一卡通系统，实现交通、景区门票、餐饮支付等功能的统一。目前，游客在跨境出行时需要使用不同的支付工具，增加了不便。未来，应加快跨境支付体系的对接，使游客可以使用同一张电子支付卡或移动支付应用，在粤澳地区无缝支付交通、住宿、餐饮等费用，拥有更加快捷高效的旅游体验。

（三）加强旅游环境管理与生态保护，确保旅游资源的可持续发展

旅游产业的可持续发展离不开有效的环境保护与生态管理。粤澳旅游市场在快速扩张的同时，也面临旅游资源消耗过快、环境承载力不足等挑战，特别是在生态脆弱的粤西、粤北地区，过度开发可能会对自然生态系统造成不可逆的破坏。因此，需要通过科学的规划与严格的管理措施，确保旅游产业的发展与环境保护相协调。

首先，应加强粤澳生态保护区的建设，在粤西、粤北等生态敏感地区推行生态友好型旅游开发模式。例如，在肇庆星湖湿地、清远英西峰林、韶关丹霞山等地区，应严格控制大规模商业开发，推广低碳旅游模式，鼓励发展生态探险、森林徒步、自然教育等可持续旅游产品。同时，可以借鉴国际经验，引入生态补偿机制，要求高耗能、高污染的旅游企业为生态保护提供资金支持，以促进旅游产业的可持续发展。

其次，粤澳应携手制定绿色旅游标准，确保各类旅游企业在环境保护方面符合可持续发展要求。例如，酒店、餐饮企业、旅行社等应执行绿色旅游标准，采用可再生能源，减少塑料制品的使用，推广垃圾分类处理。此外，可推出低碳旅游奖励计划，鼓励游客选择公共交通、参与环保公益活动等，以增强游客的环保意识。

最后，应推进粤澳旅游市场的智慧环保管理，通过物联网技术监测游客流量、空气质量、水资源消耗等关键数据，实现精细化的环境管理。例如，可以

在热门景区设立实时环境监测系统，当游客密度超过生态承载阈值时，景区可以通过智能系统进行流量调控，减少生态压力。同时，可以利用人工智能技术进行垃圾分类处理和管理，提高旅游景区的环境卫生水平，确保粤澳旅游市场的可持续发展。

完善旅游基础设施与公共服务是推动粤澳旅游产业一体化的关键举措。通过加快城际轨道交通网络建设，提高粤澳城市群的可达性，可以有效降低游客的出行成本，促进区域内外游客的流动。同时，优化智慧旅游服务体系，提升智能导览、医疗救助、游客咨询等配套设施的服务水平，有助于优化游客的旅游体验。此外，粤澳还需加强旅游环境管理，确保旅游资源的可持续发展，推广绿色旅游模式，保护粤澳的生态资源。未来，粤澳应在政策协调、基础设施投资、智慧旅游升级、生态保护等方面形成协同机制，以全面提升旅游产业的综合竞争力，实现粤澳旅游市场的长期繁荣与可持续发展。

第三节　澳门旅游产业优化路径

澳门作为粤澳区域经济一体化的重要核心城市，在发展旅游产业方面具有得天独厚的竞争力，其文化、会展、休闲娱乐等产业已经形成了较为完整的产业链。然而，澳门的旅游产业仍面临产业结构单一、旅游消费层次较低、游客停留时间短等问题。根据区域经济一体化理论和区域增长极理论，澳门作为粤澳旅游产业的核心增长极，需要通过产业升级、市场拓展、品牌建设和可持续发展等策略，进一步优化自身的旅游产业体系，同时加强与广东省内城市的协同发展，以深入推进粤澳区域经济一体化。

一、推动旅游产业结构的多元化发展

澳门作为国际知名的旅游目的地，长期以来形成了以特色娱乐业为主导的产业结构。这种相对单一的产业模式在推动澳门经济发展的同时，也面临着可持续性和抗风险能力的挑战。为增强旅游经济的韧性和竞争力，澳门需要在巩固现有优势的基础上，着力推动旅游产业多元化发展，通过丰富旅游业态、培育新兴市场，构建更具吸引力和可持续性的旅游产业体系。

（一）发展文化旅游与历史遗产旅游

澳门作为中西文化交融的典范，拥有丰富的历史文化资源。澳门历史城区保留着葡萄牙和中国风格的古老街道、住宅、宗教和公共建筑，见证了东西方美学、文化以及建筑的交融。作为联合国教科文组织《世界遗产名录》遗产地，这片城区以其独特的历史建筑和文化遗存闻名，为澳门发展文化旅游奠定了深厚的基础。然而，目前澳门的文化旅游开发仍处于初级阶段，主要以观光型旅游为主，游客停留时间短，体验深度不足。因此，未来澳门应推广体验式旅游模式，打造沉浸式文化体验项目，提升游客的文化参与度。

一方面，可以借助增强现实、虚拟现实等技术，开发数字化文化旅游产品。例如，在大三巴牌坊、议事亭前地、妈阁庙等核心文化景区推出智能导览系统，利用先进的技术再现历史场景，让游客能够通过手机或智能眼镜实时体验澳门不同历史时期的风貌。澳门可以参考巴黎卢浮宫、意大利罗马斗兽场等世界级文化旅游目的地的成功经验，打造"澳门文化之夜"等品牌活动，在夜间通过光影秀、文化巡游、历史故事剧场等方式，提升游客的文化沉浸感。

另一方面，可以强化文化IP的打造，推进澳门非物质文化遗产的深度开发。澳门的传统节庆活动，如澳门国际烟花比赛汇演、澳门艺术节、澳门国际音乐节等，已具备较高的国际知名度，但仍需要进一步形成体系并进行大范围推广。例如，澳门可以借鉴日本京都的文化节庆模式，将文化表演、手工艺体验、美食节等元素融合起来，打造完整的"澳门文化体验月"，吸引国际游客深度参与。此外，还可以加强与内地文化资源的联动，例如联合广州、佛山等地，共同推广岭南文化旅游线路，推动区域文化旅游协同发展。

（二）打造国际级会展经济中心

近年来，会展经济已成为国际旅游市场的重要增长点。会展产业不仅可以吸引大量高端商务游客，而且能够带动酒店、餐饮、购物、交通等相关行业的发展，提升旅游经济的综合收益。澳门作为国际自由港，具备良好的会展基础设施和国际交流环境，但目前的会展产业仍以本地市场为主，缺乏国际影响力。因此，未来澳门应借鉴新加坡等城市的经验，打造国际级会展经济中心，推动"旅游＋会展"融合发展。

澳门应努力提升国际会展品牌的影响力。世界旅游经济论坛旨在促进全球旅游产业可持续发展。自 2012 年在澳门首办至今，该论坛已经在全球范围内产生了巨大的影响力。2025 年 3 月，以"创新绿色发展 建设美丽城市"为主题的 2025 年澳门国际环保合作发展论坛及展览在澳门金光会展中心举行，海内外环保专家学者聚焦绿色转型发展、技术创新及泛珠环保交流合作等议题，共同探讨国际环保交流合作新机遇。这些国际性的论坛为澳门的发展注入了动力。未来，澳门可以吸引更多科技、金融、文化创意等领域的国际展会和论坛落地，并推出"澳门国际会展品牌计划"，强化澳门作为全球会展目的地的形象。例如，澳门可以与横琴粤澳深度合作区联动，打造跨境会展产业集群，并推出"一程多站"会展旅游套餐，延长会展游客的停留时间。

此外，澳门应优化会展基础设施建设，提升会展服务质量。澳门目前拥有的澳门威尼斯人金光会展中心、澳门会展中心等高端会展场所在承接大型国际会展方面仍面临一定的局限，如会议展馆面积不足、智能化设施缺乏、配套服务不够完善等。未来，澳门应加快新型会展综合体的建设步伐，借鉴法兰克福等城市的经验，引入智能化会议管理系统，提供一站式会展服务，如远程会议支持、智能翻译、线上线下融合展览等，提升会展产业的现代化水平。

（三）发展健康旅游

随着健康理念在全球的普及，健康旅游正成为国际旅游市场的重要发展方向。澳门作为国际化的旅游城市，在发展健康旅游方面具有显著优势：一方面，澳门拥有先进的医疗设施和专业服务团队；另一方面，澳门坐拥丰富的自然疗养资源和完善的度假配套设施。着眼未来，澳门需要充分把握粤港澳大湾区建设机遇，与横琴粤澳深度合作区协同规划，共同培育"粤港澳健康生活圈"旅游品牌。通过整合区域优质健康资源，开发特色康养旅游产品，构建集医疗保健、休闲养生、生态疗愈于一体的健康旅游产业体系，为游客提供全方位的健康旅游体验，推动区域旅游产业向高品质、多元化方向发展。

澳门可以依托靠近横琴的空间优势，建设国际医疗旅游中心，引入高端医疗机构，提供体检、疗养等健康管理服务。例如，借鉴韩国、日本的医疗旅游模式，澳门可以推出"高端体检＋休闲度假"旅游套餐，吸引高净值游客前来体验高端健康管理服务。此外，澳门还可以与内地知名医疗机构、科研机构合作，开发精准医疗、健康管理等项目，提升其在全球健康旅游市场的竞争力。

依托优质的温泉资源和优美的滨海环境，澳门可着力打造国际一流的健康养生度假目的地。具体而言，澳门可以借鉴国际知名温泉疗养胜地的成功经验，如日本箱根的温泉度假模式，构建融合多元健康元素的综合性度假区。该度假区可整合以下核心功能：温泉理疗中心，提供特色水疗服务；滨海休闲疗养区，打造高端度假环境；中医保健中心，推广推拿、艾灸等传统疗法；森林康养步道，营造自然疗愈空间。

（四）推动体育旅游与文化创意产业融合

体育旅游是当前国际旅游市场的重要增长点。在体育旅游领域，澳门可以充分发挥区位优势，重点打造"赛事＋旅游"的融合发展模式，提升城市的品牌影响力。例如，可以学习迪拜、新加坡等城市的成功经验，引进国际顶级赛事品牌，如世界一级方程式锦标赛、ATP网球巡回赛等，打造"澳门国际体育赛事季"；可以培育本土特色赛事IP，如大湾区帆船锦标赛、环澳门自行车赛等；还可以开发海上运动休闲产品，建设游艇码头、潜水基地等配套设施，拓展体育旅游的产品线，丰富澳门旅游业态。

与此同时，文化创意产业也是澳门旅游产业实现多元化发展的重要方向。澳门可以依托世界遗产、老城区改造等资源，打造创意产业园区，吸引国际知名艺术家、设计师入驻，发展艺术展览、创意集市、手工艺体验等旅游项目。例如，可以借鉴伦敦的"创意街区"模式，在澳门旧城区打造"文创＋旅游"融合示范区，推出文创体验店、设计师手作课程等，增强游客的互动体验。

二、延长游客停留时间，提高旅游消费层次

澳门虽然吸引了大量游客，但游客的平均停留时间较短，消费层次存在明显的局限性。数据显示，2023年澳门全年游客超过2800万人次，游客平均停留时间为1.3天。[①]这表明澳门的旅游产品仍然以短时高消费为主，游客的主要支出集中在购物方面，而在文化、休闲、体验式消费等方面的支出占比仍然较低。因此，延长游客的停留时间，提高游客的消费层次，是澳门旅游产业优化的关键方向。

---

① 2023年12月入境旅客[EB/OL]. [2024-01-22]. https://www.gov.mo/zh-hans/news/736899/.

（一）丰富高端旅游产品供给，吸引高端客群

澳门的高端旅游市场仍有较大的发展空间，和新加坡、迪拜等国际高端旅游目的地相比，澳门的奢华度假产品供给仍不够多元。因此，澳门可以参考全球高端旅游市场的发展模式，打造世界级奢华度假体验产品，以吸引高净值游客群体，提高旅游市场的整体消费水平。

澳门可以推进邮轮旅游与高端度假酒店的结合，打造"澳门豪华邮轮度假游"模式。近年来，邮轮旅游在全球范围内呈现显著增长的趋势，新加坡、日本以及欧洲等纷纷布局邮轮母港，并依托邮轮旅游带动当地的高端旅游消费。澳门可以依托其沿海区位优势，联合香港、深圳、广州等，打造面向国际市场的邮轮旅游线路。例如，可以推出"港澳邮轮奢华之旅"，让游客在澳门的五星级度假酒店住宿后，搭乘高端邮轮前往粤港澳大湾区其他城市，形成"一程多站"的豪华旅游模式。未来，澳门可以引进全球知名的邮轮品牌，如皇家加勒比游轮等，进一步提升澳门在高端游轮旅游市场的吸引力。

此外，澳门可以依托自身独特的历史文化资源，发展高端精品酒店和度假村。目前，澳门的奢华酒店主要集中在永利皇宫等片区，但独立的精品度假村仍较少。未来，澳门可以借鉴法国蔚蓝海岸、马尔代夫等地的经验，建设具有澳门特色的度假村，如葡萄牙风情滨海度假村、南欧风格温泉疗养度假村等，为高端游客提供独特的住宿体验。此外，澳门还可以发展私人定制旅游项目，为高端游客提供专属游艇、私人管家、VIP文化导览等个性化服务，提高客单价，延长游客的停留时间。

（二）打造沉浸式体验型旅游，提升游客参与度

当前，全球旅游市场正经历着从传统观光旅游向深度体验式旅游的转型升级。游客不再满足于走马观花式的游览，而是更渴望通过互动参与深入体验目的地文化。澳门拥有丰富的世界文化遗产和独特的历史背景，可以借鉴国际知名旅游城市的经验，打造沉浸式、互动式的旅游产品，以延长游客的停留时间，提升游客的体验。

一方面，澳门可以推出沉浸式戏剧和文化互动体验项目。国际旅游市场涌现出了许多成功的沉浸式文化体验范例，如巴黎卢浮宫的夜间艺术体验、伦敦西区的莎士比亚戏剧互动演出等，这些项目都巧妙地将历史文化与现代

体验相融合。澳门可以充分借鉴此类创新模式，在郑家大屋、龙环葡韵等文化遗产地打造独具特色的沉浸式文旅项目。例如，可以开发"澳门往事"沉浸式剧场，让游客通过角色扮演和参与重现历史场景；也可以设计"妈阁密码"实景解谜游戏，引导游客在探索世界遗产建筑的同时了解中西文化交流的故事。这类互动体验不仅能生动展现澳门400多年的文化积淀，而且能让游客从被动观光转为主动参与，从而大幅提升旅游的趣味性和文化传播效果。

另一方面，澳门可以加强夜间文化体验，着力打造"夜游世界文化遗产"品牌，构建夜间文旅体验体系。以大三巴牌坊为核心，运用技术呈现"光影叙事"，结合无人机矩阵表演，打造"澳门史诗"大型夜间秀。在澳门艺术博物馆，可以效仿巴黎的"卢浮宫之夜"项目，每月设立主题开放日，结合虚拟现实技术，让馆藏文物"活起来"。应配套开发夜间文化专线巴士，并推出"夜游联票"消费模式，形成完整的夜间旅游生态链。

（三）拓展休闲旅游、亲子旅游市场，吸引家庭游客群体

澳门的旅游产品主要面向成年人群体，特别是购物等项目对家庭游客的吸引力较弱，因此，未来澳门应进一步拓展休闲旅游和亲子旅游市场，以吸引更多的家庭游客，提高游客的复游率。

澳门应加快布局亲子旅游产品，开发儿童友好型旅游项目。目前，澳门虽然有澳门科学馆等适合家庭游客的景区，但亲子游产品数量仍较为有限。未来，澳门可以引进国际知名的主题乐园品牌，如乐高乐园、迪士尼乐园等，打造澳门专属的亲子娱乐区。同时，可以规划并建设亲子友好型酒店，吸引家庭游客入住。此外，澳门可以发展寓教于乐的文化体验，如推出"澳门历史探索之旅"，让孩子们通过游戏、互动课程等方式了解澳门的历史文化。

此外，澳门可以探索休闲度假旅游模式，建设更多高规格的生态公园、温泉度假区等。例如，澳门可以借鉴日本箱根、瑞士卢塞恩等地的经验，打造温泉疗养度假模式，结合中医养生、温泉疗法等元素，推出高端健康度假产品，吸引游客长时间停留。澳门还可以推出"慢生活"旅游模式，如开设咖啡文化体验馆、文创集市、手工艺体验坊等，使游客不仅仅是"走马观花"，而是能够真正沉浸于澳门的城市文化之中。

（四）加强跨境旅游合作，推广"一程多站"旅游模式

澳门的面积较小，难以支撑游客长时间停留，因此，澳门需要加强与粤港澳大湾区城市的联动，推出"一程多站"旅游模式，延长游客的停留时间。例如，澳门可以联合广州、深圳、珠海、香港等，共同推出跨境旅游线路，如"粤港澳文化遗产之旅"（广州—澳门—香港）、"大湾区豪华邮轮度假之旅"（澳门—深圳—珠海）等，使游客在区域内停留的时间更长，消费层次更高。此外，澳门还可以联合大湾区其他城市举办大型节庆活动，如"粤澳美食文化节""粤港澳大湾区文化艺术节"等，以多元化的文化体验吸引游客长时间停留。

三、深化粤澳旅游协同，推动跨境旅游便利化

在粤澳区域经济一体化的背景下，深化旅游合作是推动旅游产业高质量发展的关键。澳门作为国际知名的旅游目的地，依托文化遗产、会展经济等优势吸引了大量游客，而广东省则拥有丰富的旅游资源，包括岭南文化、滨海度假、生态旅游、温泉养生等多样化的旅游产品。然而，由于长期以来缺乏深度协同，跨境旅游的便利化水平仍有待提升，游客在两地的流动性和消费体验仍然受到交通衔接、市场协同、支付体系等因素的制约。因此，粤澳需要在跨境交通优化、旅游产品协同开发、支付体系一体化等方面进行深入合作，以构建更加紧密的一体化旅游市场。

（一）优化跨境交通网络，提升游客通达性

跨境交通的便利性是粤澳旅游融合的核心和基础。目前，横琴口岸的"一地两检"模式已大幅提升了通关效率，但整体来看，澳门与广东省各城市之间的交通网络仍不够发达，特别是粤西、粤北等地区的游客前往澳门仍需多次换乘，影响了旅游便捷性。因此，需要进一步优化粤澳跨境交通网络，提升游客出行效率。

首先，应推动跨境铁路和城际轨道交通建设，打造更加高效的交通体系。目前，从广州、深圳到澳门的交通方式主要依赖高铁、城际公交或跨境巴士，

通行效率仍然有限。未来，可以加速推动"广珠澳高铁"项目的落地，使广州南站、深圳北站等核心枢纽直接与澳门连接，实现跨境铁路直达。此外，还可以优化珠海与澳门之间的快速换乘体系，提高旅客的通达性。同时，可以考虑规划粤西、粤北地区至澳门的直达高铁，降低湛江、茂名、肇庆等地游客前往澳门的时间成本，促进澳门与粤西地区的旅游资源共享。

其次，应优化跨境巴士与水上交通服务。目前，从广东各地前往澳门的跨境巴士线路较少，班次较少，部分城市的游客需要依赖换乘才能进入澳门，出行非常不便。未来，粤澳可设立"粤澳跨境旅游专线"，在广州、深圳、东莞、佛山、中山、江门、湛江、汕头等核心旅游城市开通直达澳门的跨境旅游大巴，并推广电子车票及无缝换乘服务，提高跨境旅游的便利性。此外，应进一步拓展水上交通服务，如开通更多澳门与广东滨海城市（如湛江、阳江、汕头）的邮轮旅游线路，打造跨境海上观光游。

最后，需进一步优化通关流程，提升游客入境体验。澳门可借鉴新加坡与马来西亚的"智能通关"系统，推广粤澳跨境电子通关模式，利用生物识别技术和大数据分析，减少游客排队时间，提高出入境效率。同时，可推广"粤澳旅游快速通道"政策，为短期游客提供更加便捷的入境体验。

（二）加强粤澳旅游资源联动，构建一体化旅游产品体系

粤澳两地的旅游资源类型丰富，但长期以来，各地的旅游产品多为单独开发，缺乏整体性、互补性和协同效应，导致游客的停留时间短、消费层次较低，旅游市场尚未形成深度融合。因此，未来需要加强粤澳旅游资源联动，推动旅游产品的一体化开发，吸引游客在两地开展深度游，提高旅游消费总量。

首先，应打造粤澳跨境旅游精品线路，提升游客的行程丰富程度。例如，可结合澳门的世界文化遗产和广东的岭南文化资源，推出"粤澳文化探索之旅"（广州—佛山—澳门），让游客在同一行程中体验岭南建筑、粤剧等文化特色。此外，可结合广东省的海洋旅游资源，打造"粤澳滨海度假游"（珠海—澳门—湛江），通过高端度假酒店、海岛游艇、滨海温泉等产品，吸引高端游客群体。此外，还可以结合粤西和粤北地区的生态资源，推出"粤澳生态休闲之旅"（肇庆—清远—澳门），让游客在大湾区及周边地区享受自然风光与高端养生体验。

其次，应深化粤澳旅游产业链融合，提高旅游消费附加值。当前，澳门的

高端购物、娱乐产品较为成熟，而广东省的文化旅游、生态旅游、美食旅游资源丰富，但两者之间缺乏有效的联动。例如，粤菜文化在全球范围内享有盛誉，未来粤澳可联合推出"粤澳美食文化节"，将澳门的高端餐厅与广州、佛山的传统粤菜文化相结合，打造具有全球影响力的粤澳美食旅游品牌。此外，可以发展粤澳跨境乡村旅游，推动广东省的乡村民宿、农业观光与澳门的文化旅游结合，为游客提供更具特色的休闲度假体验。

最后，粤澳应联合推广旅游品牌，提高区域旅游的国际竞争力。例如，可借鉴欧盟的旅游推广经验，共同推出"粤澳国际旅游年"，在全球旅游展会、社交媒体等平台进行集中推广，提升粤澳旅游的国际知名度。同时，可设立"粤澳联合旅游信息中心"，在广东省主要城市和澳门设立跨境旅游咨询点，为游客提供一站式旅游服务，包括线路规划、票务预订、交通换乘等，提高游客旅游的便利性。

（三）推进支付体系一体化，提升跨境旅游消费体验

支付体系的不兼容仍是制约粤澳旅游融合的重要因素。未来，粤澳应推进支付体系一体化，提升游客的跨境消费体验。例如，粤澳可以联合推出"跨境支付通"系统，实现移动支付、信用卡、现金等多种支付方式的兼容性。未来，澳门应加快在主要商业区、酒店、景区等场所普及移动支付终端，为游客提供方便。

粤澳可以借鉴日本、韩国的退税模式，推出"粤澳跨境退税直达"服务。例如，游客在澳门购物后，可以通过手机APP自动申请退税，还可以在广州、深圳、珠海等主要城市的机场或口岸进行快速退税。此外，可以推广"粤澳旅游数字钱包"，让游客在行程开始前充值，并在粤澳两地进行无障碍消费，降低跨境支付的复杂性。

四、推动智慧旅游与数字化转型

随着全球旅游产业进入数字化转型的加速阶段，智慧旅游成为提升旅游目的地竞争力和优化游客体验的重要手段。智慧旅游不仅能够提高旅游管理效率，改善游客的出行体验，而且可以通过智能化手段缓解高峰期游客过度集中的问题，优化旅游资源配置，提高旅游消费的便利性。澳门应加快智慧旅游建

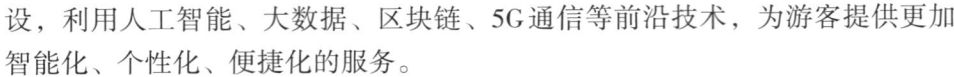

设，利用人工智能、大数据、区块链、5G通信等前沿技术，为游客提供更加智能化、个性化、便捷化的服务。

（一）构建智慧旅游基础设施，打造澳门智慧旅游大数据平台

澳门智慧旅游建设的核心是构建完整的数字化基础设施体系，以数据驱动旅游产业升级。

首先，可以建立"澳门智慧旅游大数据平台"，整合澳门的旅游资源、交通出行、酒店住宿、餐饮服务、文化演出等多维度数据，为游客提供实时的旅游信息。该平台可借鉴迪士尼乐园的智慧景区系统，通过游客流量监测、智能排队管理、景区容量预警等功能，优化游客的旅游体验。例如，可以在大三巴牌坊、议事亭前地等人流密集的景区部署智能摄像头，结合大数据分析技术，实时预测游客流量，并向游客推送最佳游览时间和分流路线建议，避免高峰期人流过载的情况。

其次，澳门可以推出官方的"智慧旅游APP"，提供多语言智能导览、在线预订、实时交通查询等功能。游客可以在APP上获取个性化的旅游推荐，包括澳门的文化遗产、特色美食、购物指南等，并通过语音识别技术提供即时的景区讲解。例如，在大三巴牌坊、妈阁庙等历史文化遗址附近，可以引入增强现实和虚拟现实技术，让游客通过手机扫码，获取更加生动的历史故事和交互式体验。

最后，澳门可以利用人工智能技术，打造智能客服系统，为游客提供24小时在线咨询和智能行程规划服务。人工智能客服可以根据游客的兴趣爱好、旅游预算、停留时间等因素，推荐最适合的旅游路线，并提供个性化的消费建议。例如，人工智能可以为商务游客推荐高端酒店和会展场馆，为家庭游客推荐适合亲子游的景区和儿童友好型餐厅，进一步提升游客的满意度。

（二）推广智慧交通，提升跨境旅游便捷性

智慧旅游的实施离不开智慧交通体系。目前，澳门与广东省各城市的交通衔接仍存在一定的优化空间，跨境通关效率、公共交通换乘等仍有改进的余地。因此，澳门可以推动跨境智慧交通系统建设。

首先，澳门可以推广智能公共交通调度系统，利用大数据分析技术，优化

公交、出租车、跨境巴士的调度，提高公共交通运力。例如，在旅游旺季，可以通过数据预测提前增设班次，并根据游客的实时需求优化巴士路线，提高公共交通的运营效率。此外，澳门可以开发"智能巴士查询系统"，游客可以通过APP或电子站牌实时查看公交车的到站时间、车厢拥挤情况、最佳换乘方案等，减少出行的不确定性。

其次，澳门可以推广自动驾驶旅游巴士，打造无人驾驶智慧出行试点。例如，在路环、凼仔等区域推出自动驾驶观光巴士，结合人工智能语音导览，为游客提供全新的出行体验。迪拜、新加坡等地已经在旅游区试点无人驾驶出租车和巴士，澳门也可以借鉴这一模式，为游客提供更加便捷和高效的旅游交通服务。

最后，澳门还可以推广跨境交通智能化管理系统，提升游客在粤澳之间的通行效率。例如，可以在横琴口岸、拱北口岸等主要口岸开发智能通关系统，利用生物识别技术（如人脸识别）加快通关速度，减少游客排队时间。此外，还可以开发"澳门跨境通行APP"，让游客在手机上提前申报入境信息，获取数字化通关凭证，实现"无纸化通关"，提高通行效率。

（三）加强智慧安全管理，提升旅游安全性

旅游安全是智慧旅游的重要组成部分，澳门应利用智能监控、大数据预警等技术，提高旅游安全管理能力。例如，可以在主要景区部署5G高清监控系统，结合人流监测，实时监控人流密度，并在人员过度聚集时启动预警机制，引导游客前往其他区域，防止踩踏事故发生。

此外，澳门可以建立智慧旅游应急救援系统，利用北斗导航、5G通信等技术，为游客提供实时定位服务。例如，游客在澳门的旅游景区、酒店、购物中心等遇到紧急情况时，可以通过智能手环或手机APP一键求助，系统会自动获取游客位置，并通知最近的救援人员，提高旅游安全保障水平。

第六章
粤澳旅游产业协同发展的
模式与路径

粤澳旅游产业在粤港澳大湾区一体化进程中扮演着关键角色，既是促进区域经济融合的重要驱动力，也是增强粤港澳大湾区全球竞争力的重要支撑。近年来，粤澳旅游产业在政策扶持、基础设施建设和产业协同方面取得了一定成效，但仍然面临诸多瓶颈。当前，产业结构失衡、资源整合不足、产品创新能力薄弱，以及跨区域管理体制壁垒等问题，制约着产业的高质量发展。基于现有理论与实证研究成果，本章将深入探讨粤澳旅游产业的优化路径，并对其未来发展方向做出前瞻性展望。

旅游产业的发展需要综合考虑市场供需关系、政府政策支持、基础设施完善度、技术创新能力及可持续发展要求。根据区域经济一体化理论和区域增长极理论，旅游产业的高效发展不仅依赖资源禀赋和市场需求，而且需要政策协调、基础设施互联互通以及产业协同的加持。此外，现代旅游经济学强调，全球化、数字化和个性化消费趋势正深刻改变着旅游产业的格局，粤澳旅游产业在发展中必须顺应这一趋势，提升服务质量和创新能力。

如何在区域经济一体化框架下构建更加紧密的旅游合作模式，如何借助科技和市场机制提升旅游服务水平，以及如何在可持续发展理念的指导下优化资源配置，将是粤澳旅游产业在迈向高质量发展的过程需要重点关注的问题。本章不仅为这些问题提供系统性的解读和应对策略，而且为粤港澳大湾区旅游产业一体化的发展路径提供理论支撑和实践指导。

第一节　粤澳旅游产业优化路径

一、推进政策协同，完善区域旅游管理机制

粤澳旅游产业的一体化发展需要政府层面的高度协同与政策支持。因此，应加强粤澳两地政府在旅游管理、政策法规、市场监管等方面的协调，形成更具一体化特征的旅游治理体系。

（一）建立跨区域旅游协调机制

区域经济一体化理论指出，区域经济一体化的成功依赖制度协调和政策一

致性。旅游产业作为区域经济的重要组成部分，其协同发展离不开稳定的跨区域合作机制，以解决政策碎片化、行政壁垒和资源分配不均的问题。为此，建议设立"粤澳旅游产业一体化协调委员会"，由粤澳两地政府及相关企业代表组成，定期召开会议，促进跨境旅游政策、市场准入、税收优惠等方面的协同。

在实践层面，粤澳旅游合作可以充分借鉴国际成功经验。一方面，可以参考欧盟申根签证政策框架下的跨境旅游便利化措施，通过简化通关手续、统一服务标准等方式提升游客体验；另一方面，《东盟旅游战略规划（2016—2025）》倡导的签证便利化、区域旅游线路整合等做法也颇具参考价值。在粤港澳大湾区内部，可以进一步强化"粤澳旅游产业一体化协调委员会"的协调功能，重点推进粤澳旅游数据互联互通、市场一体化建设以及联合品牌营销，从而系统性地提升区域旅游产业的协同发展水平。

（二）优化通关政策，提升跨境旅游便利性

旅游流动是游客个体的流动，更重要的是与之相关的各种流动性资源、要素等所构成的流动性系统，及其由此引发的社会、文化关系、资本和经济关系的流动。以"全方位流动"和"系统流动"的思想深化旅游研究，对于形成更加合理的旅游研究范式具有重要的理论指导意义。这就是旅游流动性理论。根据旅游流动性理论，跨境旅游的增长与通关便利程度密切相关。当前，粤澳通关程序仍然较为复杂，影响游客跨境旅行的体验。

出入境管理的便利性直接影响旅游产业的发展。为优化跨境旅游体验，粤澳可以借鉴欧盟申根区的经验，逐步推行跨境电子签证、无纸化通关，并推广"合作查验、一次放行"模式，以减少通关时间，提高游客出行效率。此外，可以在高峰期优化港珠澳大桥、横琴口岸等关键节点的通关流程，提升跨境旅游的便利性。

此外，在粤澳区域，可以参考国际成熟经验（如美国的"受信任旅客计划"），针对高频往返的商务及休闲人群，设计"粤澳跨境旅游便利计划"。通过预登记、信用评估等方式，为符合条件的旅客提供通关优先通道。

（三）统一市场监管标准，提升行业透明度

粤澳两地在旅游市场监管方面的标准不一，导致企业跨境运营的适应成本

较高。根据市场一体化理论，统一的市场标准能够降低交易成本，提高产业整合效率。

目前，粤澳两地在导游资格认证、酒店星级评定、旅游保险、旅游投诉机制等方面仍存在一定的差异。这种标准的不统一不仅影响游客的跨境体验，而且限制了旅游企业的经营效率。粤澳可以联合制定旅游企业资质、导游培训、旅游安全标准等方面的行业规范，减少跨境监管壁垒。

在实践层面，可以借鉴新加坡与马来西亚的合作模式，推动跨境旅游企业的统一认证体系。例如，新加坡与马来西亚在边境地区推行的旅游从业人员双认证制度，使得导游、酒店管理人员等能够在两国通用执业资格，提升了跨境旅游服务的标准化程度。粤澳可以参考此模式，建立统一的旅游市场监管框架，并加强消费者权益保护。

（四）推动粤澳旅游政策创新，提升产业竞争力

政策创新是促进区域旅游产业升级的关键因素。粤澳旅游政策的优化，应注重政策灵活性、市场导向性和可持续发展目标。例如，在税收政策方面，可以借鉴国际成功经验，优化旅游企业的税收优惠政策，吸引更多国际投资者进入粤澳市场。

此外，可以探索设立"粤澳跨境旅游特别经济区"，在该区域内实施更灵活的市场准入政策，允许国际品牌酒店、娱乐企业、文创产业等进入市场，以提升粤澳旅游市场的国际竞争力。

在区域旅游品牌建设方面，粤澳可以实施"粤澳国际旅游品牌计划"，借鉴迪拜、新加坡等国际旅游目的地的成功经验，打造具有全球影响力的区域旅游品牌。例如，迪拜政府通过政策支持，打造了涵盖奢华酒店、购物中心、文化遗产旅游等多元化业态的国际旅游品牌。粤澳可以结合自身优势，重点推广"文化旅游＋商务旅游＋生态旅游"模式，提升区域旅游市场的吸引力。

二、加强旅游资源整合与市场联通

粤澳两地旅游资源丰富，但由于行政管理、市场竞争及产业结构分工等因素，资源整合度较低，市场协同效应未能充分释放出来。基于区域经济协同理

论，旅游资源的优化和整合需要政策、市场与企业共同发挥作用，以提升旅游市场整体的竞争力。

（一）建立跨区域旅游协调机制

区域经济一体化理论指出，区域经济一体化的成功依赖制度协调和政策一致性。粤澳旅游产业的一体化发展，受益于粤港澳大湾区战略的推动，但仍然面临行政管理协调不足、政策执行标准不统一等挑战。为此，需要构建更加紧密和高效的旅游治理体系，以提高政策协同效能，推动旅游市场一体化进程。

1. 设立"粤澳旅游产业一体化协调委员会"

为了实现粤澳旅游市场的高效整合，可以设立"粤澳旅游产业一体化协调委员会"，由粤澳两地政府、旅游企业、行业协会、学术机构及消费者代表共同组成。该委员会的主要职能包括：协调两地政府在旅游规划、市场准入、税收优惠、交通联通等方面的政策，定期召开会议，共同研讨旅游产业的发展方向，监测区域旅游市场动态，并推进粤澳旅游资源共享与市场联通。

就国际经验来看，欧盟在跨境旅游管理方面的做法值得借鉴。例如，欧盟内部实施了统一的旅游服务标准，并在申根签证政策的框架下实施跨境旅游便利化措施。粤澳可以借鉴欧盟的经验，建立更加紧密的跨境旅游政策协同机制。例如，针对跨境导游资格互认、游客消费保障机制、酒店星级评定标准等，可以建立统一的行业规范，以降低企业的运营成本，提高游客跨境旅游的便利性。

2. 优化政策衔接，减少行政壁垒

政策一体化是粤澳旅游产业协同发展的核心。粤澳相关旅游政策在市场监管、消费者保护、税收优惠等方面仍然存在较大差异。为了减少行政壁垒，提高政策一致性，可以采取以下措施。

一方面，应推动粤澳旅游市场的税收政策对接。当前，粤澳税收政策不同，导致跨境经营的旅游企业面临诸多不便。粤澳可以借鉴欧盟内部的税收协调机制，设立旅游产业税收优惠政策，针对跨境旅游企业实施统一的税收政策，以吸引更多投资，促进产业链的延伸和优化。

另一方面，应推进旅游行业实施统一的监管标准。在实践层面，可以参考新加坡与马来西亚的合作模式，为旅游企业提供特殊的市场准入政策，在横琴、南沙等区域试点设立旅游产业示范区，推动旅游政策的融合，并在时机成熟时在整个粤港澳大湾区推广。

3. 加强跨境旅游基础设施建设

跨境交通网络的完善是推动粤澳旅游市场整合的重要前提。根据市场一体化理论，区域经济一体化的实现需要交通基础设施的支持。为了进一步提升跨境交通便利性，可以采取以下措施。

一是优化跨境通关流程。目前，粤澳通关仍然受到行政审批流程的影响，部分游客在高峰时段需要经历长时间排队后才能完成入境手续。粤澳可以借鉴美国的"受信任旅客计划"，设立"粤澳跨境快捷通道"，为符合条件的游客提供快速通关服务。同时，应推进跨境电子签证系统的建设，为游客办理签证节约时间成本，提高跨境旅游的便利性。

二是加强跨境公共交通体系整合。目前，澳门与珠海、广州、深圳等地之间的公共交通网络尚未实现无缝衔接。例如，从广州乘坐高铁到珠海，再进入澳门，游客需要多次换乘，时间成本增加了，出行体验也不佳。粤澳可以推广"一票通"模式，使游客可以通过一张票完成跨境高铁、地铁、公交的换乘，从而提高出行便利性。

三是建设跨境旅游综合服务中心。在青茂口岸、拱北口岸、横琴口岸、九洲港口岸等，可以设立"粤澳旅游综合服务中心"，为游客提供一站式服务，包括签证办理、酒店预订、景区门票购买、交通换乘等。通过数字化手段，如智能旅游APP、人工智能导览等，提升游客的跨境旅游体验。

4. 推动数据共享与信息协同

粤澳需要构建高效的旅游信息共享机制。当前，粤澳旅游数据存在明显的"信息孤岛"现象，突出表现在三个方面：一是游客流量数据统计口径不一，二是游客消费行为分析数据不流通，三是市场趋势研判缺乏协同。这种碎片化的信息格局严重制约了区域旅游资源的优化配置。

粤澳可以建立旅游数据协同中枢，打造集数据采集、分析、应用于一体的区域性旅游智库，推进数据共享与信息协同。具体而言，可以设计游客画像系统（整合出入境、消费、移动轨迹等数据）、市场监测平台（实时追踪酒店入住率、景区客流等指标）、产业决策支持系统（基于人工智能的市场预测模型），采用"政府主导＋企业参与"的模式，设立数据共享激励制度。

此外，还可以开发跨境智慧旅游服务平台。借鉴日本与韩国的经验，通过人脸识别、大数据分析等技术手段，提供游客身份认证、跨境支付、行程推荐等服务。粤澳可以联合开发类似的智慧旅游系统，提高游客跨境消费的便利性，同时为政府和企业提供更精准的市场分析。

（二）优化通关政策，提升跨境旅游便利性

跨境旅游的便利性在粤澳旅游产业的发展中发挥着至关重要的作用。根据旅游流动性理论，游客流动性的提升不仅取决于目的地的吸引力，而且受到交通可达性、通关便利性和政策环境的影响。在全球旅游产业竞争激烈的背景下，通过优化通关政策降低游客跨境旅行的时间成本，优化游客体验，已成为提升粤澳旅游市场竞争力的重要任务。然而，当前粤澳跨境通关仍然面临通关程序较为复杂、等待时间长等问题。因此，有必要借鉴国际先进经验，逐步推行跨境电子签证、无纸化通关、智能化身份认证等措施，以缩短通关时间，提高游客出行效率。

1. 一体化通关管理模式的借鉴与应用

借鉴欧盟申根区的经验是优化粤澳跨境通关政策的有效路径之一。申根区内部基本实现无边境管制，游客可以自由跨国旅行。游客只需要在首次入境时办理一次入境手续，之后便可在成员国之间自由流动，不需要接受额外的边境检查。这种机制极大地促进了跨境旅游和经济交流的发展，为粤澳跨境管理提供了可行的借鉴经验。目前，粤澳虽然在一定程度上实现了便利化通关，如2023年9月横琴口岸新车道实施"合作查验、一次放行"创新查验模式，可以实现出入境车辆"一次排队，一次放行"。但该模式的应用范围仍较为有限，尚未在所有口岸全面推广。因此，应在青茂口岸、拱北口岸等重要跨境关口推广该模式，通过提升查验效率、减少重复安检等方式，进一步缩短通关时间，油画游客体验。

除了推广"合作查验、一次放行"模式外，粤澳还可以逐步推行跨境电子签证和无纸化通关。电子签证系统可以缩短游客申请签证的时间，提高跨境旅

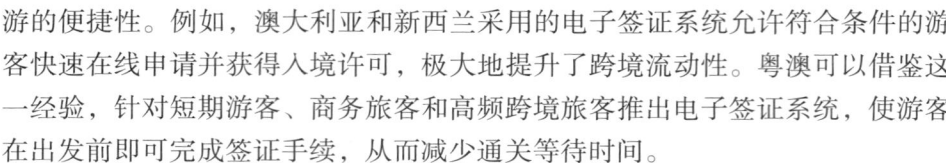

游的便捷性。例如，澳大利亚和新西兰采用的电子签证系统允许符合条件的游客快速在线申请并获得入境许可，极大地提升了跨境流动性。粤澳可以借鉴这一经验，针对短期游客、商务旅客和高频跨境旅客推出电子签证系统，使游客在出发前即可完成签证手续，从而减少通关等待时间。

2. 智能化通关技术的引入与优化

在全球数字化和智能化技术不断发展的趋势下，粤澳跨境通关也应充分利用新技术，以提升通关效率和管理水平。例如，在全球范围内，越来越多的国家和地区开始使用生物识别技术进行通关身份认证，如美国、英国和新加坡均已采用人脸识别、自助通关闸机等技术，以减少人工审核时间，提高通关效率。粤澳可以借鉴这一经验，逐步推广智能通关系统，如采用人脸识别等技术，实现游客快速通关。

此外，粤澳可以探索"无感通关"技术，即通过大数据、人工智能和区块链技术，实现游客身份信息的自动识别和验证。在这种模式下，游客可以通过智能手机或电子护照提前上传个人信息，并在进入口岸时自动完成身份认证，不需要人工审核。目前，这一技术已在新加坡樟宜机场、迪拜国际拜机场、韩国仁川国际机场等得到应用，并显著提升了通关效率。粤澳应加快相关技术的应用研究，并逐步在主要口岸进行试点推广，以确保跨境通行更加高效便捷。

3. 高峰期通关管理的优化

除了技术手段的改进，粤澳还需要针对跨境通关的高峰时段制定相应的管理策略，以缓解通关压力，优化游客体验。目前，在节假日、周末及大型活动期间，跨境口岸往往出现游客排队时间过长的问题。例如，在春节、国庆节等旅游高峰期，拱北口岸和横琴口岸的通关等待时间可能超过一小时，严重影响游客的出行体验。为缓解这一问题，粤澳可以采取以下措施。

一是优化口岸的人员配置和通关资源调配，增加高峰期人工查验窗口，提高通关效率。二是探索预约制通关模式，分时段调节跨境旅客流量。在少数发达国家，机场安检和海关入境检查已逐步推行预约通关系统，游客可以在出发前选择合适的通关时间，从而避免高峰时段的拥堵。粤澳可以在部分口岸试点预约制通关模式，减少游客等待时间。

4. 跨境旅游便利化政策的制定

粤澳可以借鉴北美自由贸易区成员国在跨境管理中的做法，例如美国的"受信任旅客计划"，设立"粤澳跨境快捷通道"，允许符合条件的游客使用快捷通道进行入境检查。该计划可以主要针对高频跨境往来的商务人士、留学生、企业员工等群体，提供便捷的身份认证和通关服务。

此外，粤澳可以针对不同游客群体制定差异化的通关便利政策。例如，针对港澳地区的居民，可以设立更为灵活的多次往返签证政策，并允许居民使用电子护照或智能身份证快速通关；对于外国游客，可以优化签证申请流程，简化入境手续，提高粤澳在国际旅游市场的竞争力。

（三）统一市场监管标准，提升行业透明度

粤澳两地在旅游市场监管方面的标准不一，导致企业跨境运营的适应成本较高，也影响了粤澳旅游市场的竞争力。根据市场一体化理论，统一的市场标准能够降低交易成本，提高产业整合效率。目前，粤澳两地的旅游监管政策在导游资格认证、酒店星级评定、旅游保险、旅游投诉机制等方面仍存在明显差异。粤澳有必要在以下方面做出努力。

1. 建立统一的市场监管体系

市场监管标准的不统一往往导致市场分割，使旅游企业在跨境运营时面临较大的适应成本。例如，在导游资格认证方面，粤澳的管理体系存在区别：澳门的导游资质由澳门特别行政区政府旅游局直接监管，广东则沿用文化和旅游部主导的国家统一考试制度。再如，在酒店星级评定方面，澳门拥有一套独立的评价体系，与广东采用的星级评定标准在考核指标、服务要求等方面存在明显区别。这种差异容易导致游客在跨境旅行时对住宿品质的认知产生偏差，影响消费预期与服务体验的一致性。这种监管标准的不同，不仅增加了企业和从业人员的适应成本，而且可能影响游客在跨境旅游过程中的体验。

为解决这一问题，粤澳可以建立"粤澳旅游市场监管联盟"，推动市场监管标准的统一，并在旅游行业制定统一的管理规则。例如，在导游资格认证方面，可以参考欧盟的经验，从而促进旅游人力资源的流动性；在酒店行业，可

以采用在全球范围内应用比较广泛的评定标准，确保粤澳的酒店评级标准一致，提高游客的信任度。同样，在监管机构的协同方面，可以设立"粤澳旅游市场监管委员会"，负责制定统一的市场监管标准，并协调跨境旅游投诉处理、旅游安全管理等事务。

2. 优化旅游企业资质管理，提高市场准入透明度

统一旅游企业的市场准入标准也至关重要。目前，澳门的旅游企业需遵循《旅行社业务及导游职业法》的规定，而广东的旅游企业需要遵守《旅游法》的规定，粤澳在市场准入方面的监管机制有所不同。在澳门，旅行社需要向澳门特别行政区政府旅游局申请经营许可，广东则实行文旅部门分级审批制度。这种市场准入标准的不同，使得粤澳企业在跨境拓展业务时面临较大的适应成本。

为了优化旅游企业的市场准入管理，粤澳可以借鉴新加坡与马来西亚的合作模式，推行跨境旅游企业的统一认证体系。例如，新加坡与马来西亚在边境地区实施旅游从业人员双认证制度，允许旅游企业和导游持有两国认可的从业资格。这有效降低了企业的市场准入门槛。粤澳可以参考这一模式，建立旅游企业跨境认证体系，使符合一定标准的旅游企业能够在粤澳自由经营，激发旅游企业的活力。

此外，可以设立"旅游企业白名单制度"，对符合特定标准的旅游企业提供跨境准入便利。例如，拥有国际认证的旅行社、酒店管理公司、会展企业等，可以在粤澳两地享受市场准入的绿色通道，简化审批流程。

3. 加强旅游安全与服务标准管理，提高行业透明度

旅游安全和服务质量的监管是影响游客体验和行业信任度的重要因素。目前，粤澳两地在旅游安全管理、旅游保险政策等方面存在一定差异。例如，在旅游保险方面，澳门实行旅行社主体责任制，要求旅行社必须购买特定的保险产品，涵盖游客人身意外险等，广东则一般要求游客自主选择，或仅为团体游客购买保险，缺乏强制性要求。这种制度的不一致，可能影响游客跨境旅游的信心。

为了提升行业透明度，粤澳可以联合制定旅游安全和服务标准。例如，在旅游安全管理方面，可以建立"粤澳旅游安全监测与应急协调中心"，对两地

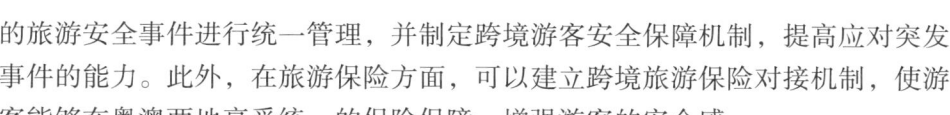

的旅游安全事件进行统一管理，并制定跨境游客安全保障机制，提高应对突发事件的能力。此外，在旅游保险方面，可以建立跨境旅游保险对接机制，使游客能够在粤澳两地享受统一的保险保障，增强游客的安全感。

在服务标准方面，粤澳可以制定统一的"粤澳旅游服务质量标准"，涵盖酒店管理、餐饮服务、导游培训、游客投诉处理等多个领域。例如，在导游服务方面，可以引入"粤澳旅游服务评级体系"，对导游的专业能力、语言水平、服务态度等进行评估，并通过透明的评级制度提高导游的职业素养，增强游客的信任感。

4. 优化跨境旅游投诉处理机制，强化游客权益保护

跨境旅游投诉处理机制的优化是提升旅游行业透明度的重要举措。目前，粤澳两地的旅游投诉处理机制仍然较为独立，游客在跨境旅游时，如遇服务纠纷，往往需要向不同的监管机构进行申诉，这增加了投诉成本，也影响了游客对粤澳旅游市场的信任度。为解决这一问题，粤澳可以建立统一的跨境旅游投诉处理机制，可以设立"粤澳跨境旅游消费者权益保护中心"，为游客提供一站式的跨境投诉处理渠道。

此外，可以设立"粤澳旅游诚信企业联盟"，对诚信经营的企业进行认证，并对违规企业实施"黑名单"管理，提高市场透明度。

（四）推动粤澳旅游政策创新，提升产业竞争力

政策创新是促进区域旅游产业升级的关键因素。粤澳旅游产业的可持续发展，需要政府在政策制定上采取更加灵活的策略，确保政策与市场需求紧密结合，并适应国际旅游行业的发展趋势。

1. 优化税收政策，吸引国际投资，推动产业升级

税收政策是影响旅游企业投资决策的重要因素之一。合理的税收优惠政策不仅能够降低企业运营成本，而且能够促进旅游产业链的深化发展。税收减免对旅游企业的投资意愿具有显著影响，尤其在国际旅游市场竞争激烈的情况下，税收政策的灵活性往往决定了地区的吸引力。因此，粤澳可以为旅游企业提供更具吸引力的税收激励措施。

目前，澳门作为特别行政区，在税收政策上已经较为灵活，企业所得税较低，并对特定行业实施税收减免。然而，广东的旅游企业在税收方面面临较多约束，尤其是跨境旅游企业，需要在不同的税收制度下进行复杂的税务申报。为了进一步推动粤澳旅游产业一体化，粤澳可以建立跨境税收协调机制，在一定范围内实施统一的税收优惠政策，例如，可以为跨境旅游企业提供增值税减免或返还政策，以降低企业的经营成本，吸引更多企业进入市场。此外，还可以借鉴新加坡的经验，设立"粤澳旅游产业扶持基金"，对符合条件的旅游企业提供税收减免或财政补贴。

2. 设立"粤澳跨境旅游特别经济区"，提升旅游产业的开放度

为了进一步优化旅游产业结构，粤澳可以设立"粤澳跨境旅游特别经济区"，在该区域内实施更灵活的市场准入政策，鼓励国际品牌酒店、娱乐企业、文创产业等进入市场，打造具有国际影响力的旅游产业集群。

"粤澳跨境旅游特别经济区"的政策创新可以从以下方面展开。在市场准入方面，可以放宽外资企业的投资限制，推动粤澳旅游产业的国际化进程。例如，可以引进环球影城等国际知名旅游品牌，建设世界级主题公园，提升粤澳旅游市场在全球的吸引力。在土地规划方面，可以提供长期租赁或优先购买服务，鼓励旅游企业进行长期投资。

3. 打造国际旅游品牌，提升粤澳旅游的全球影响力

区域旅游品牌建设是提升旅游目的地国际竞争力的重要手段。粤澳旅游产业要想在全球市场上占据更重要的地位，就需要打造独特的国际旅游品牌，在全球范围内参与竞争。粤澳可以联合推出"粤澳国际旅游品牌计划"，借鉴迪拜、新加坡的成功经验，打造具有全球影响力的区域旅游品牌。其中，迪拜的成功经验表明，国际旅游品牌的建设需要政府的大力支持。迪拜政府通过投资基础设施、推出全球性旅游推广计划，以及优化签证政策，使迪拜从一个传统的海湾国家转变为世界级旅游目的地。粤澳可以结合自身的优势，重点发展"文化旅游＋商务旅游＋生态旅游"综合模式，促进粤澳旅游品牌的发展。

在文化旅游方面，粤澳可以充分利用丰富的历史文化资源，如澳门的世界文化遗产、广东的岭南文化等，打造独特的文化体验项目。例如，可以在澳门建设"粤港澳大湾区文化遗产展览馆"，展示粤港澳大湾区的历史文化脉络，

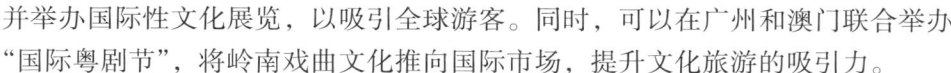

并举办国际性文化展览，以吸引全球游客。同时，可以在广州和澳门联合举办"国际粤剧节"，将岭南戏曲文化推向国际市场，提升文化旅游的吸引力。

在商务旅游方面，粤澳可以借鉴新加坡的发展模式，发展高端会展经济。例如，可以在横琴粤澳深度合作区打造世界级会展中心，吸引全球性的行业会议、展览和论坛落地，从而吸引更多商务游客。此外，可以推动粤澳商务旅游产业的数字化转型，建设"智慧商务旅游平台"，通过大数据和人工智能技术，为商务游客提供定制化的行程规划和企业对接服务。

在生态旅游方面，粤澳可以结合珠海、深圳、惠州等地的自然景观资源，开发高端度假旅游产品。例如，可以在珠海打造"粤澳滨海度假示范区"，引入国际顶级生态度假酒店，并发展海岛旅游、潜水旅游、游艇旅游等高端旅游产品，以吸引高消费游客群体。此外，可以借鉴国际经验，推广可持续旅游模式，如设立"粤澳绿色旅游认证体系"，鼓励企业发展环保型旅游产品，提高区域旅游的可持续发展水平。

4. 推动数字化旅游政策创新，提升游客体验

在全球旅游行业聚焦数字化发展的背景下，粤澳应积极推动数字化旅游政策创新，以提升游客的体验。例如，可以推出"粤澳数字旅游护照"，将游客的身份信息、支付信息等整合到一个智能化平台，实现无缝通关和一键支付。

与此同时，粤澳可以鼓励旅游企业采用大数据分析和人工智能技术，优化旅游产品的供给。例如，粤澳可以建立旅游大数据平台，通过实时分析游客行为数据，为政府和企业提供精准的市场洞察，优化旅游服务供应链。

三、促进旅游产品创新，提升市场吸引力

旅游产品的创新能力直接影响区域旅游市场的竞争力。在全球旅游产业竞争加剧的背景下，粤澳要想在国际旅游市场上占据更重要的位置，就必须注重产品创新，为游客提供独特的旅游体验，满足游客多元化的需求。

（一）发展沉浸式文化旅游，增强粤澳文化旅游的吸引力

文化旅游是旅游产业的重要组成部分，其核心竞争力在于文化体验的深度

与独特性。粤澳拥有丰富的文化资源，包括岭南文化、广府文化、武术文化等，但当前的文化旅游产品主要以景区观光为主，沉浸式、互动式体验不多，难以满足游客对深度体验的需求。借鉴国际经验，粤澳可以打造沉浸式文化旅游项目，使游客能够在多感官互动中深度体验粤澳文化。

澳门可以借鉴法国巴黎卢浮宫的夜间文化体验项目，将"澳门历史城区夜游"打造成世界级的沉浸式文化项目。例如，在大三巴牌坊、议事亭前地等地，通过光影物显、虚拟现实和增强现实技术，重现澳门的历史风貌，让游客在夜间漫步澳门老城区的同时，感受澳门的历史文化。类似的项目在意大利罗马等历史文化名城等已获得了成功，不仅增强了文化旅游的趣味性，而且显著延长了游客在目的地的停留时间。

佛山作为中国武术文化的发源地之一，可以推出"佛山功夫体验营"，将传统武术与现代娱乐产业相结合，打造集武术表演、功夫训练、影视剧拍摄于一体的沉浸式文化体验项目。例如，游客可以在佛山黄飞鸿纪念馆、叶问堂等地，参与短期武术培训，并与专业武术演员互动，甚至可以通过人工智能技术生成个人功夫电影，以提升体验的沉浸感和趣味性。这种结合科技与传统文化的创新模式，不仅能够吸引来自国内外的武术爱好者，而且能显著提升粤澳文化旅游的国际影响力。

（二）发展高端滨海旅游，打造国际级度假目的地

滨海旅游是粤澳旅游的重要组成部分，珠海、深圳、惠州等地拥有丰富的海洋资源，适宜发展高端滨海度假旅游。然而，目前粤澳的滨海旅游产品以基础的海滩观光和水上娱乐项目为主，缺乏高端化、国际化的度假产品，导致游客停留时间较短，消费层级较低。因此，粤澳应借鉴国际成功案例，开发符合全球高端市场需求的滨海度假产品。

首先，粤澳可以在珠海横琴、深圳大鹏半岛、惠州巽寮湾等地建设国际化的滨海度假村，引入全球知名酒店，如四季酒店、安缦酒店、悦榕庄等，还可以开发集私人海滩、高端水疗、海上别墅、海洋探险于一体的综合度假区，为高端游客提供私密性强、个性化的旅游体验。

其次，可以推广高端邮轮旅游、游艇旅游和海岛探险旅游，进一步丰富滨海旅游产品。例如，粤澳可以联合香港、海南，丰富邮轮航线选择，使游客在一次旅行中有机会体验多个目的地。此外，可以发展游艇旅游产业，在珠海、深圳等地设立游艇俱乐部，为游客提供游艇租赁、帆船课程、海上派对等选择。

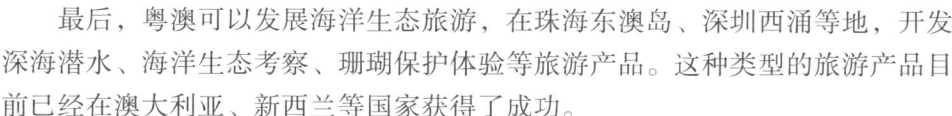

最后，粤澳可以发展海洋生态旅游，在珠海东澳岛、深圳西涌等地，开发深海潜水、海洋生态考察、珊瑚保护体验等旅游产品。这种类型的旅游产品目前已经在澳大利亚、新西兰等国家获得了成功。

（三）发展夜间旅游，释放粤澳旅游市场潜力

作为衡量城市旅游活力的关键指标，夜间旅游已在全球知名旅游城市形成了成熟的发展模式。以东京、伦敦、新加坡等国际都市为例，这些城市通过夜间观光、特色餐饮、文化演艺、休闲购物等多元化业态，构建了完整的夜间旅游产业体系。反观粤澳地区，夜间旅游仍显滞后：澳门夜间旅游过度依赖休闲产业，广州和深圳等城市的夜间旅游产品同质化严重，缺乏具有区域特色的标志性夜间旅游项目。在此背景下，粤澳需要整合资源，发展夜间旅游产业，充分释放游客夜间消费潜力，提升区域旅游竞争力。

澳门可以打造"夜游澳门"项目，通过光影秀、街头表演、美食集市等形式，提升夜间旅游吸引力。例如，可以结合现代灯光艺术，在议事亭前地、妈阁庙等地设立夜间光影展览，同时推出夜市活动，提供澳门特色小吃和文创产品，以吸引游客在夜间停留。此外，还可以在澳门塔周边开展夜间音乐节、露天电影节等文化活动，结合无人机灯光秀等创新形式，打造粤港澳大湾区独具特色的夜间文旅IP，全面提升夜间旅游活力。

广州可以结合珠江夜游，推出"珠江夜游＋沉浸式演艺"产品。例如，可以在珠江沿岸设立水上剧场，推出基于岭南文化的实景演艺，使游客在乘坐游船观赏夜景的过程中，能沉浸式地体验广州的历史文化。同时，可以借鉴泰国曼谷湄南河夜市的模式，在珠江沿岸打造夜间文旅商业街区，提供夜间购物、美食、手工艺体验等服务，提升游客的夜间消费水平。

深圳可以推出"科技夜游"项目，利用科技创新优势，打造以裸眼3D、全息投影、AI互动等技术为核心的夜间观光项目。例如，可以在深圳湾公园开展大型数字光影秀，将科技与艺术融合，为游客提供独特的夜间观光体验。

四、优化交通基础设施，提高区域旅游通达性

交通基础设施的完善是区域旅游产业一体化的核心支撑之一。根据新经济

地理学理论，优质的交通基础设施不仅能促进区域内不同城市加强经济联系，而且能提升游客流动的便利性，增强旅游目的地的吸引力。粤港澳大湾区作为中国最具活力的旅游目的地之一，近年来在跨境交通和区域轨道交通建设方面取得了显著进展。然而，与国际知名的旅游目的地相比，粤港澳大湾区的交通体系仍然存在跨境衔接不畅、轨道交通覆盖不足、智慧交通发展滞后等问题。因此，粤澳需要进一步优化交通基础设施，提高区域旅游通达性，助力粤澳旅游产业的高质量发展。

（一）提升跨境交通效率，优化游客流动性

跨境交通作为粤澳旅游协同发展的核心要素，其便利程度直接决定了游客的流动效率与旅游消费体验。基于旅游流动性理论，区域旅游吸引力由资源禀赋与交通可达性共同构成。目前，粤澳地区虽已形成包含港珠澳大桥、广深港高铁、横琴口岸等在内的立体化跨境交通体系，但在实际运营中仍面临瓶颈：一方面，现有通关流程仍存在手续复杂等问题；另一方面，在节假日等客流高峰时段，传统人工查验模式可能导致口岸拥堵现象频发，游客排队等待时间过长。因此，粤澳可以从政策优化与技术创新两个方面发力，构建更加高效便捷的立体交通走廊。

粤澳可以借鉴欧盟申根区的通关模式，进一步简化游客的出入境手续，推进跨境电子签证和"无纸化通关"机制。粤澳可以借鉴这一经验，在港珠澳大桥、横琴口岸等主要出入境关口设计电子护照自动通关系统，并结合人脸识别技术，提高通关效率。此外，粤澳还可以在跨境口岸推广"合作查验、一次放行"模式，以减少重复安检环节。

（二）加快区域轨道交通建设步伐，建设一体化旅游圈

基于大卫·哈维（David Harvey）提出的"时空压缩"理论，区域轨道交通的完善程度将显著影响旅游目的地的时空可达性。研究表明，高效的轨道交通系统不仅能实现地理距离的"压缩"，而且能促进旅游资源的网络化整合。当前，粤澳轨道交通建设虽已取得阶段性成果，但整体来看，区域内的轨道交通网络仍存在覆盖不全面、城市间直达线路不足、换乘衔接不畅等问题，影响了粤澳旅游市场的一体化发展。

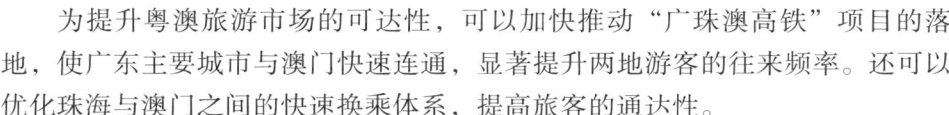

为提升粤澳旅游市场的可达性，可以加快推动"广珠澳高铁"项目的落地，使广东主要城市与澳门快速连通，显著提升两地游客的往来频率。还可以优化珠海与澳门之间的快速换乘体系，提高旅客的通达性。

在区域轨道交通建设方面，还需要城市内部交通的衔接。当前，部分高铁站的选址较为偏远，与市区及主要景区之间的交通衔接不足，导致游客在高铁站与市区的酒店、主要旅游景区之间的换乘时间成本较高。例如，广州南站作为华南地区的重要交通枢纽，与广州市区的核心旅游景区（如北京路步行街、广州塔）之间缺乏快速直达的公共交通线路，影响了游客的出行便利性。因此，需要进一步优化高铁站的接驳服务，如增设快速巴士、出租车专用车道等，以降低游客的时间成本。

（三）推广智慧交通服务，提升游客出行体验

智慧交通的发展是提升游客出行便利性的重要手段。如今，游客越来越依赖智能技术来规划和管理行程，因此，旅游目的地需要提供便捷的智慧交通服务，以提升游客的体验。

首先，粤澳可以设计基于大数据的智能导航系统，提供一站式的出行解决方案。例如，可以开发集成化的出行规划APP，涵盖地铁、公交、出租车、步行等多种出行方式，为游客提供实时交通信息、换乘指引、路线优化等服务。此外，该APP还可结合游客的个性化需求，提供定制化出行建议，如推荐最快捷的旅游路线、避开交通拥堵路段等。

其次，粤澳应加强共享交通模式的推广，推动共享交通工具的跨境合作，实现共享汽车的跨境通用，使游客可以在粤澳不同城市间自由租借和归还车辆，提高出行便利性。

最后，还可利用区块链和人工智能技术，推动粤澳交通支付系统的互联互通。粤澳可以推出统一的电子支付平台，为游客减少支付障碍，优化游客的跨境出行体验。

五、促进粤澳旅游的可持续发展

基于可持续旅游发展理论的核心要义，旅游产业的高质量发展必须实现经济活力、生态保护与文化传承的有机统一。作为我国具有国际影响力的旅游目

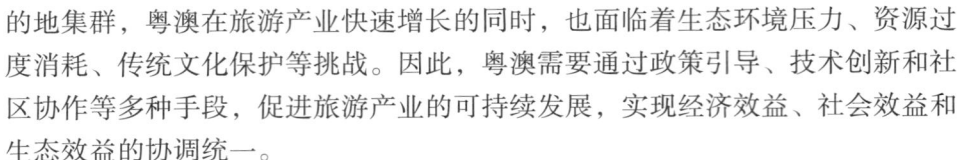

的地集群，粤澳在旅游产业快速增长的同时，也面临着生态环境压力、资源过度消耗、传统文化保护等挑战。因此，粤澳需要通过政策引导、技术创新和社区协作等多种手段，促进旅游产业的可持续发展，实现经济效益、社会效益和生态效益的协调统一。

（一）推广低碳旅游模式

推广低碳旅游模式是实现旅游产业可持续发展的重要路径之一。根据生态现代化理论，技术进步和制度创新可以减轻旅游产业对环境的负面影响，提高资源利用效率。

首先，应推动绿色交通方式的普及，以降低游客出行的碳排放。例如，澳门可以借鉴一些欧洲城市的经验，增加氢燃料电池巴士的投放量，同时在主要旅游景区设立共享单车租赁点，鼓励游客选择低碳出行方式。还可以在粤澳主要城市之间建设高效的城际轨道交通网络，减少短途航空和长途汽车的使用，进一步降低碳排放。

其次，在旅游产业低碳转型方面，粤澳可以重点构建"清洁能源＋绿色基础建设"的驱动模式。具体而言，可以参考瑞士"2000 瓦社区"的低碳发展理念，在横琴国际休闲旅游岛等区域建设"碳中和示范区"，部署分布式光伏发电、海上风电等可再生能源设施，在大型旅游综合体（如珠海的长隆海洋王国）试点微电网智能调度系统。

最后，可以推广碳补偿机制，鼓励游客自愿为其旅行产生的碳排放购买碳信用。例如，粤澳可建立"绿色旅游基金"，允许游客选择为其旅行活动的碳排放进行碳抵消投资，如资助植树造林、湿地修复等环境保护项目，从而实现旅游活动的碳中和。

（二）加强生态旅游资源的保护

作为可持续旅游发展的重要模式，生态旅游以自然资源可持续利用和提升公众环保意识为核心理念。粤澳拥有得天独厚的生态资源禀赋，包括珠海淇澳岛、惠州罗浮山等优质生态景区，为发展生态旅游提供了优越的自然基础。然而，当前部分生态旅游景区存在过度开发的问题，如游客过载、基础设施建设对生态系统造成破坏等，严重威胁区域的可持续发展。粤澳需要加强生态旅游的开发与保护，实现人与自然的和谐共生。

首先，应在生态敏感地区推广生态友好型旅游项目。例如，在珠海、惠州等地，可以开发生态度假项目，如森林度假村、自然教育基地等，优先采用可再生能源，减少对环境的影响，并通过生态导览、野生动物观察等活动，提高游客的环保意识。

其次，应加强生态保护政策的执行力度，避免过度开发。例如，粤澳可以对游客流量进行科学监测，合理控制进入生态敏感区的游客数量，减少人为活动对生态环境的冲击。同时，可以推行分时预约制，缓解游客压力，优化游客体验，提高资源承载力。

最后，可以推广生态旅游社区共建模式，实现旅游产业与当地社区的良性互动。例如，在部分生态旅游景区，可以鼓励当地居民参与生态旅游项目，如开设生态旅馆、提供文化导览等，提升社区居民参与生态保护的积极性。

（三）发展智慧旅游，提高资源利用效率

智慧旅游作为旅游产业转型升级的关键方向，其本质在于运用大数据分析、人工智能、区块链等前沿技术手段，实现旅游资源的智能化配置与游客体验的精准化提升。粤澳作为国家数字经济创新发展前沿区域，具备发展智慧旅游的独特优势。粤澳应充分发挥技术优势，全面提升旅游运营效率，在降低资源消耗的同时促进旅游产业的高质量可持续发展。

首先，应建立智能游客管理系统，提高旅游景区的承载力管理能力。例如，可以利用大数据分析游客流动趋势，实时调整景区游客流量，如通过智能票务系统、电子导览服务，引导游客合理分流，减少热门景区的拥堵现象。还可以利用人工智能技术预测游客行为，提高旅游资源调度的科学性，如在游客密集的区域优化餐饮、交通、休息区的布局。

其次，可以推广数字化支付系统，提高跨境旅游支付的便利性。目前，澳门一些商店尚未普及支付宝和微信支付，导致游客在跨境支付时存在不便。粤澳可以借鉴"单一欧元支付区"（Single Euro Payments Area，SEPA）模式，构建统一的跨境支付平台，使游客可以使用同一账户进行跨境消费，提高支付效率。

最后，应推动区块链技术在旅游供应链管理中的应用，提升旅游市场的透明度。例如，可以建立旅游数据管理平台，方便游客查询酒店、旅行社的真实信用记录，提高旅游行业的诚信度，帮助游客降低消费风险。

第二节　粤澳旅游产业的创新与数字化转型

数字化技术正深刻改变着全球旅游产业的发展格局。粤澳旅游产业在粤港澳大湾区一体化发展的背景下，需要加快数字化转型，以提升游客体验，优化产业链管理，增强市场竞争力。

一、数字化推动旅游体验升级

随着5G、人工智能、大数据等技术的发展，粤澳旅游产业正逐步迈向智慧化、个性化和沉浸式体验的新时代。利用先进技术提升游客体验，是推动旅游产业升级的关键。

（一）应用先进技术，加强智慧景区建设

1. 智能导览与智慧景区建设

智慧景区建设是数字化旅游的重要组成部分，能够提升游客的游览体验。粤澳可以借鉴全球智慧景区建设的成功案例，如日本京都、韩国首尔等城市的智能导览服务，为游客打造全方位数字化旅游体验。

粤澳可以将5G技术与增强现实、虚拟现实技术结合起来，为游客提供沉浸式的文化体验。例如，在澳门的大三巴牌坊，可以采用虚拟现实技术，重现昔日的建筑风貌，使游客能够通过智能设备感受这一世界文化遗产的演变历程；在珠海的长隆海洋王国，可以利用虚拟现实设备，让游客体验深海探险，增加游览的趣味性。

通过人工智能技术，粤澳打造基于语音识别和自然语言处理的智能导览系统，提供多语言讲解、智能行程规划和实时景区推荐。例如，游客在澳门官也街或珠海圆明新园游览时，可以通过智能导游APP获取个性化的历史讲解和餐饮推荐，提高游览的便利性。

2. 人工智能导游与个性化讲解

人工智能技术正在重塑旅游导览服务模式，其核心应用体现为三大智能化方向：基于自然语言处理的实时语音交互系统、依托深度学习的个性化行程推荐引擎，以及具备自主决策能力的智能导览平台。人工智能导游的应用，可以有效突破传统人工导游在时间、语言、专业知识等方面的局限性，为游客提供更加个性化的旅行服务。

人工智能导游可以通过自然语言处理技术，实现多语言实时讲解。例如，澳门官也街的游客可以通过智能导览APP，获取粤语、普通话、英语等讲解服务，还可以根据个人兴趣调整讲解内容，优化游览体验。

人工智能可以通过分析游客的偏好和历史行为数据，为游客提供定制化的景区推荐。例如，百度地图已开发出了基于人工智能的旅行助手，能够自动推荐游客感兴趣的餐厅、购物场所和景区。粤澳可结合本地特色，开发更精准的智能旅游推荐系统，如澳门夜市、珠海海岛度假村等，提升游客体验。

3. 智能票务与无接触入园

在智慧旅游时代，智能票务系统可以提升景区的运营效率，同时改善游客的入园体验。近年来，全球主要旅游目的地均已采用智能化票务管理系统，以提高游客入园速度，缩短高峰期游客的排队时间。

粤澳主要城市的大型景区可以推广无纸化门票，结合人脸识别技术，实现"刷脸入园"。基于人工智能技术和大数据分析技术，智慧景区系统可以预测游客流量，并在高峰期采取限流措施，提高旅游高峰期的景区管理效率。

（二）大数据精准营销

大数据技术正在重塑旅游产业的营销模式，使得精准化、个性化的市场推广成为可能。基于大数据的旅游营销不仅能够提升游客的体验，而且能优化旅游企业的运营效率，提高游客的转化率。

1. 游客画像分析与智能推荐

大数据技术可以基于游客行为数据构建用户画像。通过分析游客的社交行为、历史消费记录和在线搜索行为，旅游企业可以精准了解不同游客群体的需求。例如，高端游客更偏好高级酒店和高端餐饮，年轻游客对文化创意活动更加青睐。

基于大数据分析的智能推荐系统能够为游客打造高度个性化的旅行方案。通过机器学习算法深度挖掘用户的预订历史、浏览行为和消费偏好，智能推荐系统可以精准推荐适配的住宿选择与特色活动。粤澳可以充分运用这一智能技术，开发定制化行程推荐引擎。例如，针对文化爱好者，可以生成"澳门世界遗产深度游"路线，结合大三巴牌坊、妈阁庙等历史地标的开放时间自动优化游览安排；为带儿童出游的家庭设计"珠海长隆海洋科普之旅"，根据儿童年龄智能匹配适宜的互动体验项目，实现旅游服务的精准化与智能化升级。

2. 社交媒体营销与短视频推广

社交媒体营销已成为现代旅游产业推广的核心战略。其中，短视频平台（如抖音、快手等）正在深度重塑游客的决策路径。在KOL[①]合作方面，粤澳可以邀请具有广泛影响力的旅游博主进行沉浸式体验营销，如邀请美食博主探访澳门特色餐厅，或邀请探险博主体验珠海东澳岛潜水项目，实现精准传播。在短视频营销方面，粤澳可以重点打造以下颇具吸引力的内容：运用无人机航拍展示港珠澳大桥的壮丽全景，通过第一视角镜头呈现澳门格兰披治大赛车的刺激瞬间，以及采用虚拟现实技术俯瞰长隆海洋王国，以"科技感＋趣味性"的内容矩阵提升用户转化率。这种"KOL口碑传播＋短视频场景营销"的模式，将有效提升粤澳旅游的曝光率和吸引力。

（三）智慧酒店

在数字化转型浪潮下，以人工智能、物联网、大数据分析、云计算等技术为代表的智能科技正深刻重塑着全球酒店行业格局。智慧酒店及其核心的无接触服务体系，已从行业创新升级为产业标配。如今，游客对酒店服务的智能化水平和安全性提出了更高的要求，智慧酒店的建设不仅能够提高酒店的运营效

---

① KOL英文全称为Key Opinion Leader，中文为"关键意见领袖"。关键意见领袖是营销学中的概念，通常被定义为拥有更多、更准确的产品信息，且为相关群体所接受或信任，并对该群体的购买行为有较大影响力的人。

率，而且能显著改善游客的住宿体验。粤澳可以积极探索智慧酒店建设路径，推动酒店行业的数字化升级，为游客提供更加高效、个性化和安全的住宿服务。

1. 智能入住系统

智能入住系统作为智慧酒店的技术中枢，正在全球范围内引领住宿服务的革新浪潮。粤澳酒店行业可以重点构建三大智能化入住场景：首先，部署基于人脸识别的自助入住终端，快速完成游客身份核验；其次，开发一体化入住系统APP，允许游客提前上传证件、完成支付，并为游客智能分配客房；最后，引入物联网房卡技术，实现手机蓝牙开锁与个性化客房预设功能。这种"终端＋移动端＋物联网"的三维智能入住系统，能缩短传统入住流程，为粤澳建设世界级旅游目的地提供关键技术支撑。

人脸识别技术已被全球多家酒店采用，以提高入住的便捷性和安全性。例如，日本的少数高端酒店已经开始探索使用人脸识别技术，游客可以通过自助终端完成身份验证，不需要在前台办理入住手续。粤澳可以借鉴这种模式，在大型度假主题酒店、连锁商务酒店等推广人脸识别自助入住系统，提高游客入住的效率。

除了人脸识别，手机扫码入住也是当前智慧酒店的重要发展方向。游客可以在到达酒店前，通过手机APP完成预订、在线支付，并生成电子房卡。入住时，游客可以扫描二维码或使用NFC功能打开房门，不需要使用传统的房卡。这能有效减少游客排队办理入住手续的时间。

酒店行业还可以通过云端系统实现实时数据共享和服务优化。例如，粤澳酒店行业可以借鉴万豪（Marriott）或希尔顿（Hilton）的智慧管理经验，将游客的入住偏好（如房间温度、灯光设置、早餐选择等）存储在云端，未来游客再次入住时可自动匹配相应的房间配置，提高个性化服务水平。

2. 智慧酒店的发展方向

智慧酒店正朝着深度智能化、全面个性化和绿色可持续的方向发展。粤澳作为国际旅游枢纽，可以通过以下创新路径打造下一代智慧酒店标杆。

一是开发全场景智能交互系统。粤澳酒店行业可以探索部署多模态人工智能管家，整合语音识别（支持粤语/普通话/英语）、手势控制，实现"入住—

住宿—离店"全流程智能服务，如基于生物识别的无感支付、行李机器人跟踪服务等。

二是探索物联网生态客房建设，构建智能客房网络，通过传感器自动调节房间环境（如根据天气情况和游客偏好优化空调温度）。未来的酒店客房将全面接入 IoT 技术，游客可以通过手机或语音控制房间内的设施，如窗帘、灯光、空调、电视等，拥有高度智能化的入住体验。

二、数字经济赋能粤澳旅游发展

数字经济的崛起为全球旅游产业带来了深远的变革，其核心技术，如区块链、元宇宙等，不仅提高了运营效率，而且极大地改善了游客的旅行体验。在粤澳区域经济一体化的背景下，充分利用数字经济推动粤澳旅游产业的发展，成为当前政策和产业实践的重要议题。

（一）区块链在旅游供应链管理中的应用

区块链技术因其去中心化、不可篡改和可追溯性等特性，为提升旅游供应链的透明度、交易安全性提供了新的解决方案。在粤澳区域经济一体化的背景下，旅游市场涉及大量的跨境交易，包括酒店预订、机票购买、景区门票、导游服务等。这些交易往往涉及不同的监管标准和支付方式。区块链技术的应用将有助于提高粤澳旅游供应链的透明度，降低欺诈风险，并优化跨境支付流程。

区块链的一个核心功能是提升旅游供应链的透明度。在传统的旅游供应链中，游客在选择酒店、旅行社或导游服务时，往往难以获取真实、全面的商家信息，容易受到虚假评价、恶意刷单等行为的影响。粤澳可以借鉴全球成功案例，构建"旅游信用区块链"平台，所有酒店、旅行社、导游的历史交易记录、用户评价、服务反馈等信息都将被记录在区块链上，游客可以直接查询商家的真实信用评分，为科学规划旅游行程提供指导。

此外，区块链在旅游产业的另一个重要应用是降低交易风险。目前，旅游产业存在虚假预订、商家违约、票务欺诈等问题，严重影响游客的消费信心。区块链的智能合约技术可以有效解决这一问题。例如，当游客在平台上预订酒店或购买导游服务时，其支付的资金将被锁定在智能合约中，只有当游客顺利完成消费行为后，资金才会到达商家的账户。若出现纠纷，区块链的可追溯特性将确保交易过程的透明度，有助于保障游客的合法权益。

（二）虚拟旅游与元宇宙体验

元宇宙技术的快速发展，使虚拟旅游成为可能。近年来，全球旅游产业正在积极探索虚拟现实、增强现实、混合现实等技术的应用，为游客提供更加沉浸式的线上旅游体验。粤澳作为国际旅游目的地，可以借鉴国际经验，构建粤澳元宇宙旅游平台，让游客通过数字技术在线体验粤澳的文化与景观。

虚拟旅游的一个重要应用是线上沉浸式旅游。例如，游客可以通过可穿戴设备在虚拟世界中"游览"澳门大三巴牌坊等景点，感受明清时期的澳门街区，甚至"参与"历史事件。这些有助于提升文化旅游的趣味性，强化教育意义。

数字景区复原是元宇宙技术的重要应用方向之一。粤澳可利用3D扫描、AI建模等技术，对历史文化遗产进行数字化复原。例如，澳门可以复原消失的古建筑，例如通过妈阁庙数字复原项目来展现不同历史时期的建筑演变，让游客进行互动式探索。珠海也可以应用元宇宙技术重现渔村文化，让游客在虚拟世界中"体验"传统渔民的生活方式，增强文化旅游的沉浸感。

三、旅游产业链的数字化升级

随着数字经济的快速发展，旅游产业链的数字化升级成为推动旅游市场竞争力提升的重要手段。

（一）在线旅游平台优化及智能推荐系统

在线旅游平台（Online Travel Agency，OTA）在现代旅游消费中占据主导地位，国内知名的在线旅游平台，如携程、飞猪等，已成为游客获取旅游信息、预订行程的重要渠道。粤澳旅游市场的数字化升级，需要充分利用在线旅游平台的智能化工具，提升游客的预订体验，并优化旅游产品供给。

近年来，人工智能技术在在线旅游平台的应用日益广泛，特别是在智能客服系统方面的进步显著。粤澳旅游产业可以引入人工智能客服，为游客提供24小时在线咨询服务，实时响应游客需求，优化游客体验。例如，粤澳可以开发基于自然语言处理的人工智能客服系统，支持粤语、普通话、英语等多语言交互，帮助游客查询酒店、机票、景区门票等信息。

此外，用户行为分析是优化在线旅游平台运营的重要手段。通过大数据分析技术，在线旅游平台可以追踪游客的浏览记录、搜索关键词、预订偏好等信息，构建精准的用户画像。在线旅游平台的智能化升级还有助于跨境支付和退税系统的优化。例如，在澳门购物的游客可以通过在线旅游平台办理退税，减少人工办理时间。

（二）旅游大数据共享平台

粤澳旅游产业的协同发展，需要依托数据驱动的智能决策体系。旅游产业涉及政府、企业、游客等多个主体。整合跨境旅游数据，实现信息共享，是推动旅游产业优化的关键。建立旅游大数据共享平台，将有助于提高市场决策的精准度，优化旅游资源配置，并提升游客体验。

政府与企业之间的数据协作，是建设旅游大数据共享平台的基础。当前，澳门和广东分别拥有不同的旅游信息系统，数据资源较为分散。为提升数据共享效率，粤澳可以借鉴欧盟的经验，整合游客出入境信息、交通信息、酒店入住率、景区客流量等数据，供政府、企业、研究机构等多方使用，为政策制定和市场预测提供助力。

在游客数据应用方面，粤澳可以利用大数据技术，为游客提供更加精准的个性化服务。通过分析游客的消费习惯、社交媒体互动行为，政府和企业可以优化旅游产品供给，提升市场竞争力。例如，澳门可以基于数据分析调整节假日期间的景区客流管理策略，减少拥堵，优化游客体验。珠海的高端度假酒店也可以基于游客的消费数据，推出会员制优惠和定制化旅游套餐，提高游客的忠诚度。

此外，旅游大数据共享平台还能提升旅游安全管理水平。例如，通过实时游客流量监测系统，政府可以动态调整景区承载能力，并在高峰期通过智能引导系统实现游客分流，减少旅游资源的过度消耗，提升旅游目的地的可持续发展水平。

（三）在线旅游社交媒体营销

随着社交媒体的兴起，在线社交媒体营销成为提升旅游目的地知名度和吸引力的重要手段。近年来，抖音、小红书等社交媒体平台已成为游客获取旅游信息的主要渠道。粤澳旅游市场应充分利用社交媒体，推动目的地品牌建设。

KOL营销是社交媒体旅游推广的核心策略之一。粤澳可以邀请知名旅游博主、明星体验旅游产品，并通过社交媒体平台发布游记，吸引更多游客关注。

短视频营销是近年来旅游营销的关键趋势之一。研究表明，优质的短视频能够显著提升旅游目的地的吸引力，并有效引导游客做出消费决策。粤澳可以在抖音、小红书等平台发布高质量的旅游短视频，如"24小时玩转澳门""珠海最美海岛推荐"等主题，提升游客的兴趣。可以与在线旅游平台合作，在短视频中植入酒店、景区、餐厅的预订链接，实现"内容＋交易"的无缝对接，提高转化率。

粤澳还可以积极探索"直播带货"模式在旅游产业中的应用。例如，澳门可以举办"直播游澳门"活动，带领观众"云游"澳门景区，并提供机票、酒店、门票限时优惠。

第三节　粤澳旅游产业的国际化发展战略

随着全球旅游市场的竞争日益激烈，粤澳旅游产业必须走向国际化，以提升其在全球旅游市场的竞争力和影响力。国际化不仅意味着吸引更多的海外游客，而且涉及旅游产品的全球化布局、跨国旅游合作、国际品牌建设以及政策优化等多方面的战略布局。

一、打造粤澳国际旅游品牌

在全球旅游产业竞争日益激烈的背景下，提高旅游品牌的国际化水平成为增强旅游目的地竞争力的重要举措。粤澳依托丰富的文化遗产、多样化的旅游资源以及成熟的基础设施，有望打造具有全球影响力的国际旅游品牌。

（一）粤澳国际旅游推广计划

国际旅游推广是提升旅游目的地品牌知名度的重要策略。粤澳可以借鉴迪拜、新加坡、巴塞罗那等国际知名旅游城市的经验，联合政府、企业及行业协会，制定系统性的国际旅游推广计划。

一方面，粤澳可以采用联合营销的方式，整合旅游资源，打造粤澳国际旅游品牌。例如，可以将澳门的世界文化遗产旅游与珠海的海岛度假、生态旅游相结合，形成多元化的旅游产品矩阵，并通过线上线下营销渠道在全球范围内进行推广。

另一方面，粤澳应充分利用国际性旅游展会作为推广平台，如英国伦敦世界旅游交易会、德国柏林国际旅游贸易展览会等，向全球游客推广粤澳特色旅游产品。例如，在这些国际性旅游展会上，粤澳可以举办专题推介会，展示粤澳在跨境旅游便利化、智慧旅游发展、文化旅游融合等方面的优势，吸引国际游客及投资者的关注。

（二）文化输出与国际游客吸引策略

文化旅游是旅游品牌国际化的重要手段。粤澳可以利用自身独特的中西文化交融背景，推动粤澳文化的海外传播。例如，粤澳可以在"一带一路"沿线国家举办粤港澳文化艺术节，展示粤剧、舞狮、龙舟赛等岭南文化，吸引海外游客前来体验。同时，澳门可以通过打造国际文化交流中心，吸引国际艺术展览、时装周、音乐节等活动落地，进一步提升城市的国际文化吸引力。

此外，粤澳旅游产业还需要优化多语言服务体系，确保来自世界各地的游客都能享受到无障碍的旅游体验。目前，粤澳旅游产业的语言服务仍以普通话、粤语和英语为主，而对日韩、东南亚、欧洲市场的本地化服务相对较少。未来，粤澳可以在主要景区、酒店、交通枢纽等场所增加多语言导览系统，并在官方旅游网站、OTA平台上提供多语言预订及客服服务，以提升国际游客的满意度。

二、构建粤澳国际化旅游合作机制

为了推动粤澳旅游的国际化发展，必须构建更加紧密的国际旅游合作机制，包括加强与"一带一路"沿线国家的旅游合作、吸引国际知名旅游企业投资以及优化国际旅游市场开放政策。

（一）与"一带一路"沿线国家加强旅游合作

粤澳可以利用"一带一路"倡议的契机，深化与沿线国家的旅游合作，促进跨国旅游线路的开发。例如，粤澳可以与东南亚国家联合推出"粤港澳—东盟文化遗产之旅"线路，将澳门的葡式建筑遗产、珠海的岭南文化底蕴与泰国、越南的文化资源相结合，打造具有国际吸引力的文化旅游产品。此外，粤澳可以推动国际航线拓展，开通更多直飞东南亚、中东、欧洲的航班，提升国际游客的通达性。

（二）引入国际知名旅游企业及投资

为了提升粤澳旅游产业的国际化水平，粤澳需要引入更多国际旅游企业和投资。例如，粤澳可以借鉴迪拜的经验，吸引国际高端酒店集团在粤澳设立旗舰酒店，同时引进环球影城、迪士尼等世界级文娱项目，以增强粤澳旅游产品的竞争力。

（三）国际旅游市场开放政策

签证政策和跨境支付便利化是提升国际游客体验的关键。粤澳可以借鉴东盟免签政策，为"一带一路"国家游客提供更灵活的签证安排，例如电子签证或落地签服务。此外，粤澳可以优化国际支付体系，推动支付宝、微信支付、银联等在全球市场的兼容性，提升国际游客的支付便利性。

三、全球旅游市场竞争与粤澳旅游的机遇

在全球旅游市场的竞争格局下，粤澳旅游产业必须分析国际旅游趋势，发挥自身的竞争优势，并把握未来的发展机遇。

（一）全球旅游市场趋势分析

当前，全球旅游市场呈现出可持续旅游、定制化高端旅游等发展趋势。越来越多的游客倾向于绿色低碳旅行，粤澳可以通过推广生态旅游产品，如珠海的海岛生态游、澳门的文化遗产夜游，以迎合这一趋势。

（二）粤澳旅游的竞争优势

粤澳旅游的核心竞争力在于其独特的跨境便利性和文化多元化。珠海横琴口岸、港珠澳大桥的通车，使粤澳形成"一小时生活圈"，极大提升了旅游流动性。此外，澳门的中西文化融合特色，使其在国际市场上具备独特吸引力。

（三）未来粤澳旅游市场的发展展望

未来，粤澳旅游产业将在智慧化、一体化、国际化的方向上持续深化。智慧旅游将推动粤澳旅游的数字化转型，提高游客体验；一体化发展将进一步促进粤澳旅游市场的协同效应；国际化布局将增强粤澳在全球旅游市场的竞争力，使其成为世界级旅游目的地。

第四节　结论与未来展望

粤澳旅游产业的发展正处于一个关键的转型时期。随着粤港澳大湾区一体化战略的深入推进，粤澳旅游产业面临前所未有的发展机遇，同时也必须应对市场竞争加剧、国际旅游格局变化以及数字化转型等挑战。在本书前文的研究基础上，本节总结粤澳旅游产业优化路径的关键举措，归纳粤澳旅游产业协同发展的核心策略，并对未来粤澳旅游产业的发展前景与趋势进行展望。

一、粤澳旅游产业优化路径的关键举措

粤澳旅游产业优化路径的制定与实施，既要立足本地区的资源禀赋，又要借鉴国际经验，以确保粤澳旅游市场能够持续提升竞争力，适应全球旅游产业的发展趋势。结合本书前文的分析，粤澳旅游产业优化的关键举措主要包括以下几个方面：

（一）政策协同与跨境旅游便利化

政策协同是推动粤澳旅游一体化的基础。粤澳政府需要加强跨境旅游政策的协调，建立健全跨境旅游一体化治理体系，确保两地在市场准入、监管标准、税收政策等方面趋于一致。例如，粤澳可设立"粤澳旅游产业一体化协调委员会"，定期推动政策对接，解决市场监管标准不一致、通关流程烦琐等问题。此外，跨境旅游便利化需要进一步优化口岸管理流程，借鉴欧盟"申根区"通关模式，逐步推广电子签证、无纸化通关和"合作查验、一次放行"机制，以提升游客的跨境旅游体验。

（二）旅游产品创新与文化旅游升级

粤澳旅游产业的核心竞争力在于其独特的文化背景和丰富的旅游资源。未来，粤澳需要进一步挖掘文化旅游资源，提升旅游产品的创新能力。例如，澳门可以利用自身的世界文化遗产优势，推出沉浸式文化旅游项目，如通过 AR/VR 技术复原历史街区，使游客能够"穿越"到明清时期的澳门街头，增强旅游体验。此外，珠海与澳门可以联合开发"粤澳滨海休闲度假区"，推出高端邮轮旅游、游艇体验、滨海度假村等新型旅游产品，吸引高端游客群体。

（三）数字经济赋能旅游产业

数字经济正加速推动全球旅游产业升级，粤澳旅游产业必须紧抓这一机遇，加快智慧旅游建设。例如，通过大数据分析游客行为偏好，实现个性化推

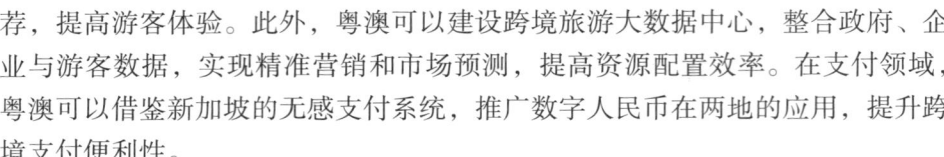
荐，提高游客体验。此外，粤澳可以建设跨境旅游大数据中心，整合政府、企业与游客数据，实现精准营销和市场预测，提高资源配置效率。在支付领域，粤澳可以借鉴新加坡的无感支付系统，推广数字人民币在两地的应用，提升跨境支付便利性。

（四）旅游市场国际化布局

粤澳旅游要想在全球市场上占据更重要的地位，必须加快国际化步伐。首先，粤澳应积极参与国际旅游展会，如英国伦敦世界旅游交易会、德国柏林国际旅游贸易展览会等，提升粤澳在全球旅游市场的认知度。其次，粤澳可以借鉴迪拜、新加坡等国际旅游目的地的经验，联合打造粤澳国际旅游品牌，推广"一程多站"跨境旅游线路，吸引国际游客。此外，粤澳可以通过国际合作，吸引世界级旅游企业落地，例如引进高端酒店品牌、主题公园运营商等，以丰富旅游供给。

二、粤澳旅游产业协同发展的核心策略

在粤港澳大湾区建设背景下，粤澳旅游的协同发展不仅是区域经济一体化的重要组成部分，也是推动区域旅游产业可持续发展的关键。要实现这一目标，需要从政府协同、市场协同、技术协同等多个层面进行战略布局。

（一）政府协同机制的建立

粤澳旅游产业协同发展需要构建更加紧密的政府合作机制。例如，粤澳可以借鉴欧盟"跨境区域管理委员会"的模式，设立"粤澳旅游产业一体化协调委员会"，专门负责粤澳两地旅游政策的制定与协调。这一机制可以确保两地在市场监管、导游资质互认、旅游投诉处理等方面保持一致，提高政策执行的连贯性。

（二）产业链融合与市场协同

粤澳旅游市场协同的核心在于提升产业链的融合度。例如，在住宿、餐

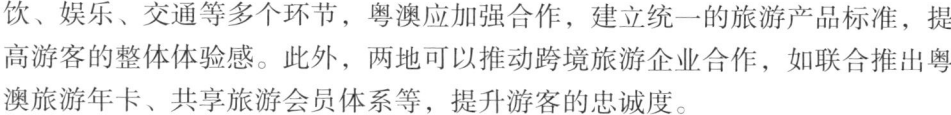

饮、娱乐、交通等多个环节，粤澳应加强合作，建立统一的旅游产品标准，提高游客的整体体验感。此外，两地可以推动跨境旅游企业合作，如联合推出粤澳旅游年卡、共享旅游会员体系等，提升游客的忠诚度。

（三）智慧旅游与数字化协同

粤澳旅游产业协同发展的另一个关键方向是智慧旅游体系的对接。例如，两地可以联合开发"粤澳智慧旅游 APP"，整合酒店预订、门票购买、跨境交通、智能导览等功能，提高游客出行便利性。此外，粤澳可以推进跨境旅游数据共享，实现游客流动性监测、精准营销、风险预警等功能，以提高旅游管理效率。

三、未来粤澳旅游产业发展的前景与趋势

展望未来，粤澳旅游产业的发展将更加依赖于全球化、智慧化与可持续化的发展趋势。随着全球旅游市场的复苏以及粤港澳大湾区一体化战略的深化，粤澳旅游市场将在以下几个方面实现突破：

（一）智慧旅游将成为旅游产业的主流趋势

未来，粤澳旅游产业将进一步依托大数据、人工智能、物联网等技术，构建更加智能化的旅游生态系统。例如，澳门可以试点全息投影旅游体验，珠海可以推广智能交通系统，提高游客出行效率。此外，5G 与区块链技术的结合，将提升旅游服务的安全性和透明度，增强游客的信任感。

（二）一体化旅游产品将推动区域经济协同发展

粤澳未来的旅游产品将更加强调"一程多站"模式，形成多元化、立体化的旅游网络。例如，珠海、澳门可以联合香港、广州，推出"海陆空"联动的旅游线路，提升游客的流动性和体验感。

（三）国际化进程将进一步加速

粤澳旅游的国际化进程将继续深化，未来有望引进更多国际旅游企业和投资，并推动粤澳国际自由旅游区的设立，以吸引更多国际游客。此外，粤澳政府可以加强与"一带一路"沿线国家的旅游合作，拓展更多海外市场。

第七章
结　　语

粤澳区域经济一体化是粤港澳大湾区建设的重要组成部分，作为国家区域协调发展战略的关键环节，正在成为推动粤港澳大湾区高质量发展的重要引擎。旅游产业作为粤澳区域合作的重要组成部分，在促进经济增长、推动社会融合、提升文化交流等方面发挥着重要作用。本书围绕粤澳区域经济一体化背景下旅游产业协同发展的模式优化与路径探索，系统分析了理论基础、发展现状、挑战与瓶颈，并提出了相应的优化路径和模式。通过综合研究，本书不仅为粤澳旅游产业协同发展的政策制定提供了科学依据，也为粤港澳大湾区及全国其他区域旅游一体化发展提供了可借鉴的理论框架和实践经验。

第一节　主要结论

本研究从理论分析、政策评估、实证研究和案例解析等多个角度，对粤澳旅游产业协同发展的核心问题进行了深入探讨，主要得出以下结论：

首先，粤澳旅游产业的协同发展具有坚实的理论基础。区域经济一体化理论、旅游地生命周期理论、跨境次区域合作理论等为粤澳旅游一体化提供了科学的解释框架。研究表明，粤澳区域经济一体化背景下的旅游产业发展不仅受到经济政策、基础设施建设、市场机制等因素的影响，同时也受到文化、社会、科技等多方面的制约。因此，粤澳旅游产业一体化不仅是经济协同的过程，更是文化交融、社会互通的体现。

其次，粤澳旅游产业协同发展面临诸多挑战和瓶颈。尽管粤澳两地在政策对接、市场开发、产业布局等方面取得了一定成效，但仍存在旅游资源整合度不高、市场联通机制缺乏、基础设施建设不均衡、跨境管理体制不协调等问题。因此，粤澳旅游产业的可持续发展，需要政府、企业、社会多方力量的协同推动。

再次，粤澳旅游产业协同发展需要综合优化路径。本研究提出，粤澳旅游产业的高质量发展需要从政策协调、市场机制、数字化转型、品牌共建等多个维度进行优化。政策方面，需要建立粤澳政府间更紧密的协调机制，推动旅游政策的一体化制定与执行；市场方面，需要加强粤澳旅游企业间的合作，通过联合开发跨境旅游产品、共享游客数据资源、优化营销推广模式等措施，提高市场整合度；数字化方面，需要加快智慧旅游建设，利用5G、大数据、人工智能等技术，提升粤澳旅游体验质量，如智能导览、沉浸式体验、跨境支付便捷化等；品牌建设方面，需要通过粤澳联合推广旅游品牌，增强国际市场竞争力，形成区域旅游品牌的协同效应。

最后，粤澳旅游产业的协同发展将对区域经济、社会文化融合产生深远影响。旅游产业不仅带动了两地的经济增长，同时也推动了社会文化交流，促进了粤澳居民之间的相互认同和社会融合。随着粤澳旅游一体化的深入推进，两地将在人才交流、教育合作、文化传播等方面实现更紧密的联系，推动粤澳区域经济一体化迈向更高水平的发展阶段。

第二节　理 论 贡 献

本研究在区域经济一体化与旅游产业协同发展研究方面做出了以下理论贡献。

第一，本研究构建了粤澳旅游产业协同发展的理论框架。不同于以往研究仅从单一维度探讨粤澳旅游产业发展问题，本研究结合区域经济一体化理论、跨境旅游合作理论、旅游市场整合理论等，构建了一个更加系统的粤澳旅游产业一体化分析框架。这一框架不仅有助于解析粤澳旅游产业协同发展的机理，也为其他类似区域的旅游合作提供了理论借鉴。

第二，本研究丰富了粤澳旅游一体化的政策分析视角。以往关于粤澳旅游合作的研究主要集中在政策文本的描述性分析，而本研究通过政策量化分析、案例研究等方法，深入评估了粤澳旅游政策的实际执行效果，并提出了优化建议。这种研究方法的创新为粤澳旅游政策的制定提供了更加科学的依据。

第三，本研究拓展了数字化转型背景下旅游产业发展的研究视角。随着大数据、人工智能、区块链等技术的广泛应用，旅游产业的运营模式正发生深刻变革。本研究在粤澳旅游产业的研究框架中，引入数字化转型的概念，探讨了智慧旅游、数字营销、跨境支付等技术在促进粤澳旅游产业协同发展中的作用，为未来粤澳数字旅游的发展提供了新思路。

第三节　实　践　价　值

本研究不仅具有理论价值，同时在政策实践和产业发展方面也具有重要的指导意义：

第一，为粤澳旅游产业政策优化提供决策参考。本研究提出的政策优化建议，如建立粤澳联合旅游发展规划、推进跨境旅游基础设施互联互通、优化跨境旅游市场监管等，为政府部门制定更具针对性的政策提供了科学依据。

第二，为粤澳旅游企业提供市场发展策略。本研究建议粤澳旅游企业加强合作，共享市场资源，打造区域旅游品牌，同时利用数字化技术优化游客体验。研究成果可为企业制定市场战略、开展品牌营销提供实践指导。

第三，为粤港澳大湾区乃至全国其他区域的旅游一体化提供经验借鉴。粤澳旅游产业一体化模式的成功经验可推广至其他区域，如粤港旅游合作、长三角跨省旅游合作、京津冀旅游产业融合等，为全国范围内的旅游产业协同发展提供参考。

第四节　研究的局限性与未来展望

本研究尽管在理论构建、政策分析、实践探索等方面进行了深入研究，但仍然存在一定的局限性。首先，由于研究侧重于政策与市场分析，本书未能对粤澳旅游产业的具体数据进行大规模实证研究。未来的研究可以结合旅游大数据、游客行为分析、产业经济模型等方法，对粤澳旅游产业发展进行更精细的量化分析。

其次，本研究主要围绕粤澳旅游产业协同发展的现状与优化路径展开，未能深入探讨全球化背景下粤澳旅游产业如何提升国际竞争力。未来的研究可以关注粤澳旅游产业在"一带一路"倡议下的国际化发展，探讨如何吸引更多国际游客，提升粤澳旅游品牌的全球影响力。

最后，本研究主要基于现有政策、市场趋势和产业格局进行分析，未能完全覆盖未来可能出现的产业变革、政策调整等不确定因素。未来的研究可以进一步关注粤澳旅游产业的长期发展趋势，结合情景分析、动态建模等方法，预测粤澳旅游一体化的未来发展路径。

总体而言，本书系统研究了粤澳区域经济一体化背景下旅游产业的协同发展模式和优化路径，提出了一系列具有理论价值和实践指导意义的研究成果。粤澳旅游产业的协同发展不仅是粤港澳大湾区建设的重要组成部分，也是推动中国旅游产业高质量发展的重要示范。本书的研究成果可以为政府、企业、学界等相关方在推动粤澳旅游产业一体化进程中提供参考，助力粤澳区域在经济协同、社会融合和文化交流等方面的探索，为区域经济一体化发展提供一定的理论支持和实践借鉴。

参 考 文 献

[1]Duval D T. Tourism and Transport: Modes, Networks and Flows[M]. Bristol: Channel View Publications，2007.

[2]Gössling S, Hall C M, Weaver D B. Sustainable Tourism Futures: Perspectives on Systems, Restructuring and Innovations[M]. New York: Routledge, 2009.

[3]Hakobyan S, Mclaren J. Looking for local labor market effects of NAFTA[J]. The Review of Economics and Statistics, 2016, 98(4): 728−741.

[4]Hall C M, Page S J. The Geography of Tourism and Recreation: Environment, Place and Space[M]. London: Routledge, 1999.

[5]Hall C M. Tourism: Rethinking the Social Science of Mobility[M]. London: Pearson Education, 2005.

[6]Harvey D. Social Justice and the City[M]. Athens: University of Georgia Press, 2009.

[7]Harvey D. The Urban Experience[M]. Baltimore: Johns Hopkins University Press, 1989.

[8]Henderson J C. Managing Tourism Crises: Causes, Consequences and Management[M]. London: Routledge, 2006.

[9]Krugman P. Increasing returns and economic geography[J]. Journal of Political Economy, 1991, 99(3): 483−499.

[10]Krugman P. Geography and Trade[M]. Cambridge: The MIT Press, 1992.

[11]Lew A A, Cheer J M. Tourism Resilience and Adaptation to Environmental Change: Definitions and Frameworks[M]. London: Routledge, 2017.

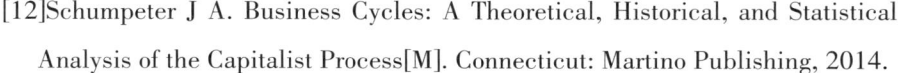

[12]Schumpeter J A. Business Cycles: A Theoretical, Historical, and Statistical Analysis of the Capitalist Process[M]. Connecticut: Martino Publishing, 2014.

[13]Scott D, Hall C M, Gössling S. Tourism and Climate Change: Impacts, Adaptation and Mitigation[M]. London: Routledge, 2012.